Ben Furman

HEY, DAS KANNST DU!

WIE FÄHIGKEITSDENKEN KINDERN HILFT, HERAUSFORDERUNGEN ZU MEISTERN

Aus dem Englischen übersetzt von Nicola Offermanns

2023

Reihe »Fachbücher für jede:n«
Reihengestaltung und Satz: Nicola Graf, Freinsheim, www.nicola-graf.com
Umschlaggestaltung: B. Charlotte Ulrich
Umschlagfoto: © tookitook – stock.adobe.com
Redaktion: Anja Bachert
Printed in Germany
Druck und Bindung: CPI books GmbH, Leck

MIX
Papier | Fördert gute Waldnutzung
FSC® C083411

Erste Auflage, 2023
ISBN 978-3-8497-0501-5 (Printausgabe)
ISBN 978-3-8497-8460-7 (ePUB)

Das Original erschien unter dem Titel ”Ben Furman & Lasten haasteet taidoiksi”

First published in Finland in 2023 by Viisas Elämä Oy
Aus dem Englischen übersetzt von Nicola Offermanns

Bibliografische Information der Deutschen Nationalbibliothek:
Die Deutsche Nationalbibliothek verzeichnet diese Publikation in der Deutschen Nationalbibliografie; detaillierte bibliografische Daten sind im Internet über http://dnb.d-nb.de abrufbar.

Informationen zu unserem gesamten Programm, unseren Autoren und zum Verlag finden Sie unter: **www.carl-auer.de**.
Dort können Sie auch unseren Newsletter abonnieren.

Carl-Auer Verlag GmbH
Vangerowstraße 14 · 69115 Heidelberg
Tel. +49 6221 6438-0 · Fax +49 6221 6438-22
info@carl-auer.de

Carl-Auer
Fachbücher für jede:n

1 DER STEIN DER WEISEN ZAUBERIN

In diesem Buch möchte ich Sie mit einer Haltung vertraut machen, die ich »Fähigkeitsdenken« nenne, die kreativ ist und Spaß macht. Mit dieser Denk- und Sichtweise können Sie Kindern in ihrer Entwicklung auf die Sprünge helfen und sie dabei unterstützen, Schwierigkeiten *durch das Erlernen neuer Fähigkeiten* zu überwinden. Die Grundidee des Fähigkeitsdenkens ist leicht zu erfassen. Wenn Sie dieses Buch zu Ende gelesen und den Eindruck gewonnen haben, dass die beschriebene Haltung gut mit Ihren Werten und Ansichten im Einklang steht, wird es Ihnen mühelos gelingen, die Ideen direkt in den Alltag mit Ihrem Kind einfließen zu lassen.

Bevor ich im Einzelnen erkläre, was ich unter dem Denken in Fähigkeiten verstehe und wie Sie es in Ihrem Umgang mit Kindern einsetzen können, möchte ich Ihnen ein Märchen erzählen – sozusagen als Einführung in die hier beschriebene Denkweise. Wer nichts für allegorische Geschichten übrig hat, kann die nächsten Seiten einfach überspringen und mit dem zweiten Kapitel beginnen.

Es war einmal in einem weit abgelegenen Dorf, in dem seltsame Dinge geschahen: Die Kinder, die dort lebten, wurden von ganz eigenartigen Problemen geplagt. Einige waren plötzlich so schüchtern geworden, dass sie kein Wort mehr hervorbrachten, andere wurden so jähzornig, dass sie unentwegt um sich schlugen und auf andere Menschen eindroschen. Manche hatten Ängste entwickelt, wo es gar nichts zu befürchten gab, und wiederum andere bekamen hartnäckige Angewohnheiten wie Haareausreißen oder Daumenlutschen, die sie trotz aller Bemühungen ihrer Eltern nicht mehr loswurden.

Man rief die Dorfältesten zusammen, um die Lage zu besprechen. »Wir müssen herausfinden, was der Grund für dieses Übel ist«, sagte einer der Ältesten. Daraus entspann sich eine lange Unterredung. Schon bald zerbrach sich das ganze Dorf den Kopf darüber, woher die Probleme der Kinder wohl kamen.

Zuerst vermuteten sie, dass vergiftetes Wasser schuld sei. Daher begannen sie, ihr Wasser aus dem Nachbardorf herbeizuschaffen. Doch das half nicht. Der nächste Verdacht lautete, es könne daran liegen, dass die Kinder im Säuglingsalter durch irgendetwas traumatisiert worden seien. Infolgedessen begannen die Dorfbewohner, alles daranzusetzen, dass die Kinder auf keinen Fall durch irgendetwas geängstigt wurden. Aber das war unendlich schwierig, denn das Leben zu jener Zeit war schließlich voller Gefahren, und es war schier unmöglich, Kinder vor jeglicher Angst zu bewahren. Irgendein Dahergekommener behauptete, dass den Eltern aus welchem Grunde auch immer die Fähigkeit zur Kindererziehung abhandengekommen und dies die Ursache für die Nöte der Kinder sei. Deswegen wurden die Eltern dazu verpflichtet, sich von den Dorfältesten beibringen zu lassen, wie man Kinder richtig erzieht. Aber auch das stellte sich schnell als Holzweg heraus. Die Ältesten, die die Eltern unterweisen sollten, waren sich so uneins darüber, wie richtige Erziehung zu erfolgen habe, dass ihre Ratschläge die Eltern nur noch mehr verwirrten.

Die Dorfbewohner fanden immer wieder neue Erklärungen für die Schwierigkeiten der Kinder, aber das Rätsel blieb ungelöst. Vielen schwante allmählich, dass die ganzen Deutungsversuche die Dinge eigentlich nur noch schlimmer machten. Die Eltern im Dorf fühlten sich schuldig dafür, dass die Kinder es so schwer hatten, und waren ob ihrer Sorgen sehr verzweifelt.

Als alle schon geraume Zeit über die Schwierigkeiten der Kinder nachgegrübelt hatten und die Stimmung im Dorf immer schlechter wurde, verkündete einer der Ältesten:

»Wir haben unser Bestes getan, um uns aus dieser misslichen Lage zu befreien, aber es ist uns nicht gelungen, einen Ausweg zu finden. Es ist an der Zeit, dass wir in dieser Angelegenheit die weise Zauberin konsultieren und ihren Rat einholen.«

Drei der Ältesten machten sich zu Fuß auf den Weg zur weisen Zauberin. Nach einer langen Reise kamen sie zu der Stadt, in der die Zauberin lebte.

»Es ist lange her, dass die Leute aus eurem Dorf zuletzt bei mir Rat gesucht haben«, sagte die Zauberin. »Was führt euch heute zu mir?«

Die Ältesten schilderten der Zauberin ihre Sorgen und erzählten ihr von all den verschiedenen Vermutungen, mit denen die Dorfbewohner die merkwürdigen Probleme der Kinder zu erklären versuchten. Als sie fertig gesprochen hatten, senkte die Zauberin ihren Blick, schloss die Augen und versank in einem scheinbaren Schlaf. Nach einer Weile öffnete sie die Augen wieder und sprach:

Seit's Menschen gibt auf dieser Welt,
hab'n sich Probleme dazugesellt.
Wenn wir die Gründe dafür suchen,
werd'n wir einander nur verfluchen,
wobei jeder den andern für schuldig hält.

Schaut ihr nur auf die Probleme,
wie ihr sie vertreiben könnt,
ist euch kein Erfolg vergönnt.
Wollt ihr Kindern wirklich helfen, auf die rechte Spur,
nennt doch lieber Fähigkeiten, in der richtigen Mixtur,
die sie neu erlernen könn'n!

Als die drei Ältesten ins Dorf zurückkehrten, baten sie den Steinmetz, die Verse der Zauberin in einen Stein zu meißeln, der in der Dorfmitte stand. Sie versammelten sich sodann um den Stein, um herauszufinden, was die Zauberin ihnen mit diesem Spruch vermitteln wollte. Nachdem sie eine Weile darüber nachgedacht hatten, riefen sie die Dorfbewohner zusammen und verkündeten ihnen:

»Mit diesem Spruch will uns die Zauberin sagen, dass wir aufhören müssen, danach zu suchen, warum unsere Kinder solche Schwierigkeiten haben. Stattdessen sollen wir unser Augenmerk mit aller Kraft darauf richten, welche neuen Fähigkeiten sie lernen müssen, um nicht mehr unangenehm aufzufallen.«

Die Menschen im Dorf freuten sich über diese Botschaft. Sie verstanden, dass es an der Zeit war, mit den Schuldzuweisungen sich selbst und anderen gegenüber aufzuhören. Von nun an brauchten sie keine Zeit mehr darauf zu verwenden, über die Ursachen der Probleme zu streiten. Und alle konnten ihre Aufmerksamkeit darauf richten, den Kindern zu helfen, dass sie die Fähigkeiten entwickeln konnten, die sie brauchten, um ihre Herausforderungen zu meistern.

Die Dorfbewohner kehrten nach Hause zurück und erzählten ihren Kindern, dass sie von nun an neue Fertigkeiten erlernen würden, um ihre Schwierigkeiten zu überwinden. Die Kinder waren froh, als sie das hörten, denn sie waren es längst leid, sich die endlosen Mutmaßungen ihrer Eltern über die Ursachen der Misere anhören zu müssen.

Die Dorfbewohner wurden tätig, und innerhalb kürzester Zeit war für jedes Kind im Dorf eine Fähigkeit gefunden, von deren Beherrschung es profitieren würde. Zunächst lief alles gut, doch schon bald tauchte ein neues Problem am Horizont auf.

»Es ist uns gelungen, uns mit unseren Kindern auf die Fähigkeiten zu einigen, die sie erlernen sollen«, beklagten sich die Eltern im Dorf bei den Ältesten. »Aber als es an der Zeit war, dass sie sich daranmachen sollten, dieses Neue auch einzuüben, verloren sie bald das Interesse. Und wir fanden keine Mittel und Wege, sie zu ermuntern, dass sie sich anstrengen, um sich diese Fertigkeiten anzueignen. Wie sollen wir unsere Kinder dazu bringen, dass sie sie auch wirklich lernen?«, fragten sie.

Wieder setzten sich die Ältesten zusammen, um über diese vertrackte Frage der Dorfbewohner nachzudenken. Aber so sehr sie sich auch bemühten, sie fanden keine Antwort. Schließlich beschlossen sie, dass die drei Ältesten die weise Zauberin erneut um Rat ersuchen sollten.

Als diese dort ankamen, fragte die Zauberin: »Was führt euch diesmal zu mir?«

Die Dorfältesten sprachen: »Als wir dich das letzte Mal aufsuchten, gabst du uns den Rat, dass wir unsere vergeblichen Bemühungen, die Probleme unserer Kinder erklären zu wollen, fahren lassen sollen, und uns stattdessen darauf auszurichten, die Fähigkeiten zu finden, die sie erlernen müssen, um den Anforderungen zu genügen. Das haben wir getan, aber jetzt stecken wir fest und stehen vor einer neuen Herausforderung. Wir wissen nicht, wie wir die Kinder dazu bringen können, nun die nötigen Schritte zu unternehmen und sich anzustrengen, um die Fähigkeiten tatsächlich zu erlernen.«

Die Zauberin hörte aufmerksam zu. Dann senkte sie ihren Blick, schloss die Augen und schien einzuschlafen. Als sie die Augen wieder öffnete und den Blick hob, sprach sie die folgenden Worte:

Es ist noch kein Meister vom Himmel gefallen.
Drum merkt euch von nun an und sagt es allen:

Um Neues zu lernen – damit das gelingt,
musst du erkennen, was es dir bringt.
Was hast du davon, was ist der Gewinn?
Hab eine endlose Liste im Sinn!

Gib dieser Fähigkeit nun einen Namen
und sieh es als Spiel im lustigen Rahmen.
Find magische Freunde für dieses Spiel,
die dich begleiten bis an das Ziel!

Auch wenn du jetzt denkst: »Das schaff ich allein«,
braucht's eine Mannschaft von Helferlein.
Sie werden dir jeden Zweifel rauben,
weil sie nun alle an dich glauben.

Auch wenn du mal stolperst – und das wird geschehen –,
musst du nicht stürzen, kannst weitergehen.
Und du hast ja die Helfer, was für ein Glück!
Sie setzen dich sanft auf die Spur zurück.

Sie werden dir helfen, zum Ziel zu gelangen.
Doch sollten sie auch deinen Dank empfangen –
all die, die dir so wohlgesonnen,
denn geteilter Gewinn ist doppelt gewonnen.

Tage und Wochen werden vergehen,
doch wie bleibt nun das Können bestehen?
Bring einem andern die Fähigkeit bei,
das ist der Trick bei der Lernerei!

Die drei Greise prägten sich diese Verse ein und machten sich auf den Weg zurück ins Dorf. Als sie ankamen, baten sie wieder den Steinmetz, die Worte der Zauberin in den Stein im Dorfkern zu meißeln. Die Ältesten versammelten sich alsdann, um über die Worte der Zauberin nachzusinnen, und verkündeten bald ihre Einsicht:

»Die Verse der Zauberin sind die Antwort auf unsere Frage. Sie geben uns Hinweise, wie wir unsere Kinder ermuntern können, ihre Fähigkeiten zu erlernen. Folgen wir ihren Anregungen, dann könnte unsere Misere schon bald vergessen sein.«

Als die Eltern im Dorf begannen, die Ratschläge aus dem Spruch der Zauberin zu befolgen, wurden ihre Kinder ganz eifrig, sich neue Fähigkeiten zu eigen zu machen. Und als sie die Fähigkeiten beherrschten, verschwanden die Probleme eines nach dem anderen. Und wann immer mal auch später ein Kind auf neue Schwierigkeiten stieß, konnte es auch diese mit der Weisheit der Verse auf dem Stein erfolgreich bewältigen. Die Dorfbewohner waren erleichtert: Das Übel war besiegt.

• • •

Das Fähigkeitsdenken ist keine streng reglementierte Methode, die Sie Schritt für Schritt befolgen müssen. Es handelt sich vielmehr um eine Sammlung von Denkweisen und Praktiken, die sich durch Versuch und Irrtum als nützlich erwiesen haben. Die in diesem Buch vorgestellten Ideen sollen Ihnen dabei helfen, mit Ihrem Kind so zu kommunizieren, dass es Hoffnung weckt, die Zusammenarbeit zwischen Eltern und Kindern fördert und vor allem die Kinder dazu bringt, sich aktiv an dem Prozess zu beteiligen, ihre Herausforderungen in Stärken umzuwandeln.

2 WAS IST FÄHIGKEITSDENKEN?

Kinder haben keine Probleme –
sie haben nur einige Fähigkeiten noch *nicht erlernt.*

Auf dieser Idee beruht das Fähigkeitsdenken. Der Kompetenzansatz[1] wurde in den 1990er-Jahren in einem finnischen Kindergarten in Helsinki entwickelt. Die Kindertagesstätte hatte einen speziellen Bereich für Kinder mit besonderen Bedürfnissen – geleitet von den Sonderpädagoginnen Sirpa Birn und Tuija Terävä. Bei ihnen war ich einige Jahre lang als externer Supervisor tätig. Zu Beginn unserer Zusammenarbeit beschlossen wir, uns zusammenzutun, um eine allgemein anwendbare Methode zu entwickeln, die Kindern hilft, emotionale und verhaltensbedingte Herausforderungen zu bewältigen. Wir strebten eine einfache Schritt-für-Schritt-Methode an, die sowohl für Kinder als auch für ihre Eltern attraktiv ist. Dabei ließen wir uns von der lösungsorientierten Psychologie leiten – einem therapeutischen Ansatz, den ich vertrete –, aber auch von diversen Verfahren der Sonderpädagogik, die unter Lehrern und Erziehern[2]

1 Die Begriffe »Kompetenzansatz«, »Fähigkeitsdenken« oder »Denken in Fähigkeiten« werden im vorliegenden Buch synonym gebraucht (Anm. d. Ü.).

2 Zur besseren Lesbarkeit verwende ich bei allgemeinen Personenbezeichnungen das generische Maskulinum. Selbstverständlich sind damit immer alle Geschlechter gemeint.

an der Tagesordnung waren. Nach und nach entwickelten wir durch Versuch und Irrtum gemeinsam eine praktische Methode in 15 Schritten, die wir schließlich *Ich schaff's!* nannten. Damals ahnten wir noch nicht, dass unsere Idee in den kommenden Jahren so großes internationales Interesse wecken würde. Heute wird *Ich schaff's!* von zahlreichen Fachleuten weltweit angewandt, die Bücher dazu sind bereits in mehr als 20 Sprachen erschienen.

Wir haben die *Ich schaff's!*-Methode ursprünglich als Werkzeug für Lehrer, Erzieher und andere mit Kindern arbeitende Menschen entwickelt, aber weil der Ansatz so einfach ist, keine Risiken birgt und leicht zu erlernen ist, eignet er sich auch für Eltern, Großeltern und weitere an der Erziehung Beteiligte. Entstanden ist die Vorgehensweise in einer Gruppe mit Kindern im Alter von 5 bis 6 Jahren, aber es zeigte sich bald, dass sich dieselben Prinzipien auch auf ältere Kinder anwenden lassen. In der Tat ist der Ansatz völlig altersunabhängig – mit leichten Anpassungen lässt er sich auf Menschen jeden Alters zuschneiden.

Das Denken in Fähigkeiten – das Rückgrat von *Ich schaff's!* – basiert auf der Idee, dass man sich nicht auf die Schwierigkeit selbst konzentriert, sondern auf die Fähigkeit, die das Kind lernen muss, um die Schwierigkeit zu überwinden – ganz gleich, vor welcher aktuellen Herausforderung das Kind gerade steht. Kindern ist es in der Regel unangenehm, wenn wir versuchen, mit ihnen über ihre Probleme zu sprechen, aber sie genießen es sehr, über Fähigkeiten zu reden. Nicht nur über Fähigkeiten, die sie bereits erworben haben, sondern auch über Fähigkeiten, von denen sie sich Vorteile versprechen, wenn sie sie besser beherrschen würden.

Das Fähigkeitsdenken erfordert, dass wir Kinder durch eine andere Brille sehen. Es verlangt von uns, über den Tellerrand der Probleme hinauszusehen und zu ermitteln, welche Fähigkeiten das Kind verbessern muss, um seine Herausforderungen zu meistern. Das ist jedoch leichter gesagt als getan. Mit diesem Buch möchte ich Ihnen helfen herauszufinden, wie Sie nicht nur kleine alltägliche Schwierigkeiten, sondern auch ernstere Probleme in Fähigkeiten umwandeln können, die Ihr Kind erlernen kann, und wie Sie Ihr Kind beim Erwerb dieser Fähigkeiten unterstützen können.

Beginnen wir mit der Geschichte einer Frau, die an einem Lehrgang für *Ich schaff's!* teilgenommen hatte und als Teil ihrer Ausbildung einen Bericht darüber schrieb, wie sie die Methode genutzt hatte, um ihrer 6-jährigen Patentochter über ein Problem hinwegzuhelfen.

JASMIN, 6 JAHRE ALT, hatte mehrere Probleme. Morgens weigerte sie sich, das anzuziehen, was ihre Mutter für sie rausgesucht hatte – alle diese Kleidungsstücke fand sie unangenehm. Sie wollte immer nur die gleichen alten, abgetragenen Klamotten anziehen. Sie hasste alle Wintersachen sowie Regenjacken, Handschuhe und Mützen. Außerdem fiel es ihr schwer, abends schlafen zu gehen. Sie bestand darauf, so lange aufzubleiben wie ihre Eltern, und das führte fast jeden Abend zu einem erbitterten Kampf. Die dritte Herausforderung bestand darin, dass Jasmin sich weigerte, sich nach dem »großen Geschäft« auf der Toilette den Po abzuwischen, und immer einen Erwachsenen brauchte, der ihr dabei half. Im Kindergarten verkniff sie sich den ganzen Tag lang den Stuhlgang, weshalb sie abends oft Bauchweh hatte.

Jasmins Patentante Emma, die eine Ausbildung im Fähigkeitsdenken absolviert hatte, bot den besorgten Eltern Hilfe an. Als sie alle zusammensaßen, drehte sich das Gespräch zunächst um verschiedene Fähigkeiten, die Jasmin bereits erworben hatte und die sie gut beherrschte. So konnte sie z. B. schon lesen und schreiben, obwohl sie noch nicht zur Schule ging (in ihrem Land beginnt die Schule offiziell mit dem 7. Lebensjahr). Sie konnte auch schwimmen und Fahrrad fahren. Jasmin wirkte stolz, als sie darüber sprachen, was sie alles schon konnte.

Schon bald verlagerte sich das Gesprächsthema von den Fähigkeiten, die sie bereits besaß, zu denen, die sie als Nächstes lernen musste. Die Wunschliste der Eltern bestand aus drei Punkten: Es waren – unschwer zu erraten – die Fertigkeiten »Anziehen«, »Einschlafen« und »Toilettengang«. Die Eltern besprachen den jeweiligen Nutzen aller drei Kompetenzen, und Emma schlug beiläufig vor, man könne, wenn Jasmin eine der drei erlernt habe, ihr zu Ehren eine Feier veranstalten, wenn sie das wolle. Von den drei gewünschten Fähigkeiten wählte Jasmin den Toilettengang und nannte es »das Abwischen«.

»Was würde es dir bringen, wenn du lernst, dir den Po selbst abzuwischen?«, fragte Emma. Jasmin konnte das nicht beantworten, aber sie erzählte, dass sie Angst davor habe, Kot an die Finger zu bekommen. Das erklärte zumindest teilweise, warum sie es bisher tunlichst vermied, sich den Po selbst abzuwischen. Ihre Eltern erläuterten ihr, dass diese Fähigkeit wichtig sei, weil Jasmin dann abends keine Bauchschmerzen mehr hätte. Und sie müsse dann nicht mehr so lange auf der Toilette sitzen und warten, bis ihr jemand hilft. Außerdem würde man im nächsten Jahr, wenn sie in die Schule komme, von ihr erwarten, dass sie es selbst könne. Jasmin hörte aufmerksam zu. Es wurde dann vereinbart, dass die Eltern Jasmin helfen, das zu Hause zu üben. Die Mutter versprach, bei ihr zu bleiben und ihr Tipps zu geben, wie sie sich die Hände waschen konnte, falls sie sich die Finger versehentlich doch mit Kot beschmieren würde. Jasmin selbst schlug vor, dass sie sich zunächst nur einmal abwischen würde und ihre Mutter dann den Rest übernehmen solle.

»Fällt dir ein Wesen ein, das dich beim Erlernen des Abwischens unterstützen kann?«, fragte Emma. Jasmin wünschte sich Super Marsu (ein schlaues Meerschweinchen aus einem Zeichentrickfilm) als Helfer. Dieser hatte ihr vor einer Weile schon einmal geholfen, als sie von einer Krankenschwester geimpft worden war. Jasmin wollte ein Bild von Super Marsu in der Toilette aufhängen, um an das Üben der Fähigkeit zu denken.

Emma lenkte das Gespräch noch mal auf die Feier: »Wenn du das Abwischen gelernt hast«, sagte sie, »können wir zusammen Kuchen backen und ein Fest machen, wenn du willst.« Jasmin war von der Idee begeistert, und sie überlegten gemeinsam, wer eingeladen würde und was für Kuchen es auf der Party geben solle.

Als Emma eine Woche später mit Jasmins Mutter telefonierte, erfuhr sie, dass ihre Patentochter eifrig geübt hatte und gut vorangekommen war. In den ersten Tagen hatte die Mutter sie angeleitet, aber danach hatte Jasmin das Abwischen allein geschafft. Jedes Mal, wenn sie es selbst erledigt hatte, hatte die Mutter ihr einen Super-Marsu-Aufkleber gegeben, den sie ins Sammelheft einklebte. Die Eltern hatten mit Jasmin vereinbart, dass das Fest stattfinden sollte, sobald sie zehn Sticker gesammelt habe. Sie war inzwischen schon so weit gekommen, dass sie ihrer Mutter erlaubte, im Kindergarten von dieser Fähigkeit zu erzählen, sodass die Erzieherinnen sie auch dort beim Üben unterstützen konnten.

Es gab auch einige Rückschläge. Eines Tages, als sie gerade mal sechs Aufkleber gesammelt hatte, rief sie von der Toilette aus plötzlich ihre Mutter zum Abwischen.

»Warum rufst du mich denn? Hast du vergessen, dass du das schon gelernt hast?«, fragte ihre Mutter.

»Nein, habe ich nicht«, sagte Jasmin, »ich kann das. Ich habe es sogar schon im Kindergarten gemacht.«

»Ok, zeig mir mal, wie gut du das kannst«, sagte die Mutter.

Jasmin weigerte sich aber, der Mutter ihr Können zu demonstrieren, und jammerte, dass sie ein bisschen Durchfall habe und das nicht abwischen wolle.

»Ja, meine Süße, aber das ist doch kein Weltuntergang«, sagte ihre Mutter. »Lass es uns so machen: Du wischst einmal ab, und ich mach den Rest.« Jasmin war einverstanden, aber am Ende machte sie es dann doch ganz allein. Die Mutter klebte einen Aufkleber ins Heft, und später riefen sie Emma an, um ihr zu erzählen, wie es gelaufen war.

Als Jasmin zehn Aufkleber beisammenhatte, bastelte sie zusammen mit ihrer Mutter eine Karte, um Emma zur Party einzuladen. Die Feier war ein großer Spaß, es gab Kuchen und andere Leckereien. Nach dem Kuchenessen schlug Emma vor, Pappherzen auszuschneiden, um sie den Menschen zu schenken, die ihr geholfen hatten. Jasmin schnitt mehrere Herzen aus und schenkte je eines ihren Eltern, Emma und den Erzieherinnen.

»Welche Fertigkeit wirst du dir als nächste vornehmen, wo du jetzt das Abwischen schon so gut kannst?«, fragte Emma.

»Die nächste ist das Modeln«, antwortete Jasmin.

»Modeln? Was ist denn das für eine Fähigkeit?«, wollte Emma wissen.

Es stellte sich heraus, dass Jasmin mit ihren Eltern öfters ein Spiel gespielt hatte, das sie »Modeln« nannten. Dabei spielte sie ein Model, das ihren Eltern verschiedene neue Kleidungsstücke präsentierte, und gewöhnte sich dabei gleichzeitig an das Tragen unterschiedlichster Anziehsachen.

Die Art und Weise, wie Emma mit Jasmins Eltern zusammenarbeitete, um das Mädchen bei der Überwindung ihrer Hürden zu helfen, ist ein Beispiel für das Fähigkeitsdenken: Anstatt über Probleme zu sprechen, konzentrierten sich alle auf die zu erlernenden Fähigkeiten. Das Kind war an sämtlichen Schritten des Prozesses aktiv beteiligt, und alle wichtigen Personen in seinem Leben halfen ihm, die nötigen Fähigkeiten zu erwerben.

3 WIE MAN PROBLEME IN ERLERNBARE FÄHIGKEITEN UMWANDELT

Mit »Fähigkeit« ist gemeint, dass Kinder Herausforderungen in der gewünschten Art und Weise meistern.

Der Kompetenzansatz – oder die Idee, Kindern durch das Erlernen von Fähigkeiten über Schwierigkeiten hinwegzuhelfen – hat mehrere entscheidende Vorteile. Erstens vermittelt diese Denkweise eine hoffnungsvolle Haltung. Wir alle assoziieren Fähigkeiten mit »Lernen« – dieses Wort erzeugt per se eine gewisse Zuversicht. Wenn wir uns darauf konzentrieren, über Fähigkeiten und Lernen zu sprechen, entsteht unweigerlich eine Atmosphäre der Hoffnung auf Veränderungen.

Zweitens fördert das Fähigkeitsdenken die Kooperationsbereitschaft bei Kindern. Es ist wahrscheinlicher, dass Ihr Kind mitarbeitet, wenn Sie mit ihm über Dinge sprechen, die es bereits erlernt hat, und über neue Fähigkeiten, von denen es profitieren könnte, anstatt seine Probleme und Schwierigkeiten zu thematisieren.

Drittens erleichtert dieser Ansatz Ihnen die Zusammenarbeit mit anderen Erwachsenen, die an der Betreuung des Kindes beteiligt sind. Wenn Sie sich in Ihren Gesprächen immer auf die Probleme und Schwierigkeiten des Kindes fokussieren, reagieren die anderen oft mit Erklärungsversuchen, was ihrer Meinung nach die Ursache der Probleme sei. Solche Spekulationen sind meist wenig hilfreich und eher frustrierend, als dass sie Hoffnung stiften. Mit dem Fähigkeitsdenken können Sie diese Falle umgehen. Wenn der Schwerpunkt auf den erlernbaren Fähigkeiten liegt, werden alle an der Betreuung Beteiligten Ihnen leichter helfen können, Ihrem Kind beim Üben der erforderlichen Fähigkeiten unter die Arme zu greifen.

Probleme in Fähigkeiten umwandeln ist leichter gesagt als getan

Eine Voraussetzung für das Fähigkeitsdenken ist die Umwandlung der Probleme in Fähigkeiten, die die Kinder lernen können. Dies ist leichter gesagt als getan. Die Idee ist einfach, aber im wirklichen Leben ist es oft schwierig, herauszufinden, welche Fähigkeit das Kind bei einem bestimmten Problem braucht. Ich habe immer wieder gehört, die Idee des Fähigkeitsdenkens sei schön und gut, aber die Umsetzung in die Praxis sei viel schwieriger, als man anfangs gedacht habe. »Ich weiß genau, welches Problem das Kind hat«, sagte einmal ein Lehrer zu mir, »aber ich finde es schwierig, herauszufinden, in welcher Fähigkeit es besser werden muss, um das Problem zu lösen.«

Die Transformation der Probleme in erlernbare Fähigkeiten – was ich manchmal als »Skilling« bezeichne – erfordert Kreativität. Die Prämisse lautet, dass es unabhängig von der Schwäche des Kindes immer eine Stärke zu entdecken gibt, deren Beherrschung das Problem beseitigt oder zumindest abschwächt.

Ein befreundeter deutscher Psychologe, der wie ich lösungsfokussierte Therapie und Coaching lehrt, sagte einmal zu mir: »Unseren Studenten gefällt der Kompetenzansatz sehr gut, aber es fällt ihnen oft schwer, herauszufinden, an welcher Fähigkeit es dem Kind bei einem bestimmten Problem mangelt. Du solltest mal ein Lexikon schreiben, in dem die Leser alle häufigen Probleme von Kindern nachschlagen können und dann die Übersetzung in eine Fähigkeit geliefert bekommen, die das Kind in dieser Situation lernen muss.«

»Ich verstehe, was du meinst«, wandte ich ein, »aber das ist nicht machbar. Wenn man das Problem des Kindes kennt, kann man daraus noch lange nicht direkt auf eine bestimmte Fähigkeit schließen, die es dafür lernen müsste. Um herauszufinden, welche Fähigkeit für das Kind wirklich relevant wäre, müssen wir mit ihm sprechen und in der Regel auch mit den Erwachsenen, die sich um das Kind kümmern.«

»Ja, ja, ich weiß schon«, sagte mein Kollege und zuckte mit den Schultern, »aber trotzdem bräuchten die Leute eine Anleitung, wie sie es anstellen sollen, Probleme in Fähigkeiten umzuwandeln.«

Dem Rat meines Kollegen folgend stelle ich im Folgenden die allgemeinen Prinzipien vor, wie man Probleme in erlernbare Fähigkeiten umwandelt.

Überlegen Sie, wie das Kind in einer schwierigen Situation besser reagieren könnte!

Wenn ich Eltern dabei helfe, das Problem ihres Kindes in eine Fähigkeit umzuwandeln, beginne ich oft mit der Frage, welche konkreten Situationen ihr Kind als Herausforderung empfindet. Sobald sie einige Beispiele dafür genannt haben, kann ich sie bitten, über Folgendes nachzudenken: Wie soll das Kind ihrer Vorstellung nach lernen, in diesen Situationen besser zu reagieren? Hier ist ein Beispiel dafür, wie ich versuchen würde, Eltern beim Umwandeln der Herausforderungen in Fähigkeiten anzuleiten.

MUTTER Man hat sich über das Verhalten meiner Tochter im Kindergarten beschwert. Sie schlägt dort offenbar die anderen Kinder.

BEN FURMAN (B. F.) Wissen Sie, in welchen Situationen das passiert? Was für Situationen sind für sie schwierig zu bewältigen?

MUTTER Es heißt, dass es passiert, wenn sie mit einem Spielzeug spielen will, das gerade ein anderes Kind hat.

B. F. Was macht sie dann?

MUTTER Sie versucht, sich das Spielzeug zu schnappen, und wenn das andere Kind es nicht hergeben will, wird sie wütend und fängt an zu hauen.

B. F. Wie würden Sie sich wünschen, wie ihre Tochter sich stattdessen in solchen Situationen verhalten sollte?

MUTTER Sie sollte sich etwas reifer benehmen.

B. F. Ja gut, aber was soll das heißen: Was soll sie stattdessen lernen?

MUTTER Ich möchte, dass sie lernt, freundlich zu fragen, ob sie das Spielzeug haben kann. Und wenn das andere Kind das ablehnt, möchte ich, dass sie in der Lage ist, ein »Nein« zu akzeptieren.

B. F. Was sollte sie Ihrer Meinung nach lernen zu sagen, damit Sie wissen, dass sie gelernt hat, ein »Nein« als Antwort zu akzeptieren?

MUTTER Ich hätte gern, dass sie so etwas sagt wie: »Kann ich das haben, wenn du nicht mehr damit spielen willst?«

B. F. Okay, das ist also die Fähigkeit, die Ihre Tochter lernen sollte.

Mit anderen Worten: Um herauszufinden, welche Fähigkeiten Sie Ihrem Kind beibringen möchten, überlegen Sie, wie Ihr Kind in schwierigen Situationen reagiert, und fragen Sie sich, wie Sie sich das Verhalten Ihres Kindes in einer ähnlichen Lage in Zukunft wünschen.

Beschreiben Sie die Fähigkeit als wünschenswertes Verhalten!

Ein wichtiger Punkt, den wir im Auge behalten sollten, wenn wir über Fähigkeiten sprechen, ist, dass »Fähigkeit« nicht bedeutet, ein *unerwünschtes Verhalten abzustellen*. Es geht vielmehr darum, ein *wünschenswertes Verhalten neu zu erlernen*. Für Kinder ist es schwierig, sich ein unerwünschtes Verhalten ganz oder auch nur teilweise abzugewöhnen. Wenn Sie beispielsweise möchten, dass Ihr Kind lernt, in der Klasse nicht reinzurufen, sollte die nötige Fähigkeit nicht wie folgt formuliert sein: »Ich werde in der Klasse nicht mehr reinrufen«, sondern lieber:

»Ich kann die Hand heben, wenn ich in der Klasse was sagen möchte, und warten, bis ich dran bin.«

Oder wenn Ihr Kind lernen soll, nicht mit anderen Kindern zu zanken, sollte die nötige Fähigkeit nicht lauten: »Ich werde mich nicht mit anderen Kindern streiten«, sondern:

»Ich werde lernen, mich aus Situationen rauszuhalten, in denen ich mit anderen Kindern leicht in Streit gerate.«

Die zu erlernende Fähigkeit sollte immer das angestrebte Verhalten konkret beschreiben, statt die unerwünschte Verhaltensweise zu benennen.

Manchmal, wenn ich vor Eltern einen Vortrag über das Fähigkeitsdenken halte, behaupte ich mit einem Augenzwinkern:

»Wussten Sie eigentlich, dass es im Hörnerv von Kindern – dem Nerv, der die Nervenimpulse vom Ohr zum Gehirn leitet – einen Filter gibt? Dieser Filter entfernt Wörter wie ›nicht‹ und ›kein‹ ganz ausnahmslos aus den gehörten Sätzen. Wenn Sie zu Ihrem Sohn sagen: ›Daniel, ich sage dir noch mal: Schrei mich *nicht* an‹, hört Daniel Sie sagen: ›Daniel, ich sage dir noch mal: Schrei mich an.‹ Oder wenn Sie zu Ihrer Tochter sagen: ›Julia, ich habe dir gesagt, du sollst das lassen. Ich mag es nicht, wenn du mit dem Essen spielst‹, wird sie verstehen: ›Ich mag es, wenn du mit dem Essen spielst.‹«

Damit will ich scherzhaft darauf aufmerksam machen, dass Kinder die Anweisungen ihrer Eltern oft nicht befolgen, wenn sie Verneinungswörter wie »nicht«, »aufhören« oder »kein« enthalten. Das liegt nicht etwa daran, dass sie stur und renitent sind, sondern vielmehr daran, dass ihr Gehirn noch nicht reif genug ist, um Anweisungen zu verarbeiten, die keine Hinweise darauf enthalten, was sie stattdessen aktiv tun sollen.

Aus diesem Grund steht in Erziehungsratgebern häufig, dass wir beim Zurechtweisen unserer Kinder versuchen sollten, ihnen zu vermitteln, was sie *tun* sollen, anstatt ihnen nur zu sagen, was sie *nicht tun* sollen. Hier sind einige Beispiele für die Umwandlung von Anweisungen zum Nichttun in Aufforderungen zum Tun:

- »Schrei nicht!« → »Sprich leise!«
- »Nicht betteln!« → »Nett fragen!«
- »Nicht rennen!« → »Geh langsam!«
- »Spiel nicht mit dem Essen!« → »Iss ordentlich!«

Ich habe mal einen Vortrag beim Elternabend im Kindergarten gehalten, in dem es um die Umformung von Anweisungen zum Nichttun in Aufforderungen zum Tun ging. Einige der anwesenden Eltern hatten für den Abend keinen Babysitter gefunden und deshalb ihr Kind zu der Veranstaltung mitgebracht. Ein paar Tage später erzählte eine Mutter, die an diesem Abend mit ihrem Sohn unter den Zuhörern gewesen war, der Kindergärtnerin die folgende Begebenheit.

Sie hatte gehört, wie ihr Sohn mit anderen Kindern im Hausflur sehr laut herumtobte. Da es zuvor schon Beschwerden über den Lärm der Kinder gegeben hatte, öffnete die Mutter die Wohnungstür und rief den Kindern zu: »Nicht im Flur rennen!« Ihr Sohn antwortete ihr auf der Stelle: »Mama, du sollst nicht sagen: ›Nicht rennen!‹ Du sollst sagen: ›Geht langsam!‹« – »Ich glaube, mein Sohn hat die Botschaft aus dem Vortrag besser verstanden als ich«, sagte sie mit einem Lächeln.

Die Idee, statt der Anweisungen zum Nichttun das Kind zu einem konkreten Tun zu animieren, mag banal klingen, aber im echten Leben ist es oft sehr schwierig, ein Kind zurechtzuweisen, ohne Worte wie »Stopp«, »nicht« oder »Nein« zu verwenden. Ich erinnere mich an folgende Begebenheit vor Jahren, als eine meiner beiden Töchter etwa 7 Jahre alt war.

Ich fuhr mit dem Auto vom Einkaufen nach Hause und **MEINE TOCHTER** saß mit ihrer Freundin auf dem Rücksitz. Ich spürte etwas Störendes in meinem Rücken, und es dauerte eine Weile, bis ich realisierte, dass meine Tochter mit den Füßen gegen meine Rückenlehne trat.

»Hör auf zu treten«, sagte ich. Aber das änderte nichts – die Tritte gingen weiter, als ob ich nichts gesagt hätte. Ich dachte mir, dass ich wohl noch deutlicher werden müsste, also sagte ich in etwa: »Hör sofort mit dem Treten auf! Verstehst du nicht, dass mich das beim Fahren ablenkt? Willst du etwa, dass wir einen Unfall bauen?«

Aber meine vermeintlich gut gewählten Worte verfehlten ihre Wirkung gänzlich und die beiden Mädchen auf dem Rücksitz begannen zu kichern. Sie dachten offenbar, dass ich nur Spaß mache. Schließlich fiel mir nichts Besseres mehr ein, also sagte ich sinngemäß: »Wenn du nicht aufhörst zu treten, halte ich an, und ihr beide könnt den ganzen Weg nach Hause laufen.« Meine Drohung zeigte immer noch keinerlei Wirkung und das Kichern auf dem Rücksitz wurde bloß noch stärker.

Nun überlegte ich, wie ich die Situation mit dem Fähigkeitsdenken lösen könnte. Wäre es möglich, die Situation so zu handhaben, dass ich meine Tochter für ein wünschenswertes Verhalten belohne, anstatt ihr mit Konsequenzen zu drohen, wenn sie mit dem unerwünschten Verhalten nicht aufhört? Ich hatte keine Ahnung, was ich sagen sollte, also sagte ich geradeheraus, was mir als Erstes in den Sinn kam:

»Ich könnte mich viel besser aufs Fahren konzentrieren, wenn du deine Füße bei dir behältst. Ich bin bereit, dir jedes Mal 10 Cent zu zahlen, wenn du nicht gegen meinen Sitz trittst.« Diese Worte klangen ein bisschen komisch, aber zu meinem Erstaunen hörte das Treten auf und auf dem Rücksitz wurde es still.

Ich vergaß den Vorfall schnell wieder, aber als ich meine Tochter an dem Abend ins Bett brachte, hielt sie mir plötzlich die offene Hand hin. »Was ist los?«, fragte ich. »Ich krieg noch 80 Cent von dir«, sagte sie. »Du hast mir im Auto versprochen, dass du mir jedes Mal 10 Cent gibst, wenn ich dich nicht trete, und ich habe mitgezählt.«

Ich weiß gar nicht mehr, ob meine Tochter jemals die 80 Cent bekommen hat, die sie ihrer Meinung nach verdiente, weil sie mich achtmal nicht getreten hatte, aber der Vorfall hat mir zu denken gegeben. Die meisten Menschen sind sich heutzutage einig, dass Lob oder Belohnung für gutes Verhalten ein effektiveres Mittel in der Erziehung ist, als sie für schlechtes Verhalten zu tadeln, aber es ist gar nicht so leicht, dieses Prinzip im Alltag durchzuziehen. Es würde einfach nicht funktionieren, wenn unsere Kinder anfingen, von uns jedes Mal eine Belohnung einzufordern, wenn sie etwas, was sie nicht tun sollen, bleiben lassen.

Erschwerend kommt hinzu, dass wir uns als Eltern in der Regel nicht damit begnügen, dass unsere Kinder einfach nur gehorchen. Wir wollen mehr: Wir wollen, dass sie lernen, unsere Anordnungen zu befolgen, ohne dass wir sie ständig dazu anhalten müssen. Aber wie um alles in der Welt sollen wir sie dazu bringen, unsere Anweisungen in Gewohnheiten umzuwandeln, sodass sie ohne Aufforderung das tun, was wir von ihnen erwarten? Vielleicht sollten wir auch das als eine Fähigkeit betrachten – die Fähigkeit, etwas unaufgefordert zu tun, ist an und für sich etwas, das Kinder lernen und verbessern können. Erlauben Sie mir, noch eine persönliche Erfahrung mit Ihnen zu teilen, wie ich versucht habe, dieser Herausforderung zu begegnen.

> MEINE TOCHTER war ungefähr 6 Jahre alt, als ich ihr sagte: »Schatz, ich möchte, dass du lernst, dein Geschirr nach dem Essen in die Spülmaschine zu räumen. Mir ist aufgefallen, dass du es tust, wenn ich es dir sage, aber ich möchte, dass du lernst, es von allein zu tun, ohne dass ich es sagen muss.«
>
> Sie hörte mir aufmerksam zu und ich fuhr fort: »Lass es uns in Zukunft so machen: Ich werde dich auch weiter daran erinnern, dein Geschirr in die Spülmaschine zu räumen. Aber wenn ich dir das sage, tue es nicht sofort. Warte eine oder zwei Minuten, vielleicht kannst du bis zehn zählen, und dann – nach einer Weile – räumst du dein Geschirr einfach rein, als ob ich nichts gesagt hätte. Können wir das ausprobieren?«
>
> Ich dachte, dass meine Tochter den Vorschlag vielleicht albern finden würde, aber sie war bereit mitzuspielen. Ich erinnerte sie daran, was sie zu tun hatte. Sie wartete eine Weile und nahm dann »spontan« ihr Geschirr und räumte es in die Maschine. Die Eigeninitiative meiner Tochter wuchs im Laufe der Zeit, und ich glaube, dass unser kleines Spielchen sehr zu dieser positiven Entwicklung beigetragen hat.

Suchen Sie nach Ausnahmen von der Regel!

Hier kommt ein weiterer praktischer Tipp, wie Sie eine Fähigkeit identifizieren können, die Ihr Kind erlernen soll. Wenn es beispielsweise die Regel ist, dass Ihr Kind am Smartphone hängt, dann können alle Ausnahmen von dieser Regel – also Zeiten, in denen es das Smartphone weglegt, um etwas anderes zu tun – einen Hinweis darauf geben, welche Fähigkeit es lernen muss, um das Problem etwas einzugrenzen.

Betrachten wir das folgende Beispiel:

> Eine Mutter verfolgt den Ansatz, auf die Ausnahmen zu achten, um dem Kind zu helfen herauszufinden, welche Fähigkeiten es lernen muss, damit es in der Schule keinen Ärger mit den Lehrern bekommt.

MUTTER Was könntest du tun, um den ständigen Ärger mit deinen Lehrern zu vermeiden?

KIND Weiß ich nicht.

MUTTER Es gibt sicher einige Lehrer, mit denen du besser auskommst als mit anderen, oder?

KIND Ich verstehe mich gut mit meinem Sportlehrer.

MUTTER Wie erklärst du dir das? Was machst du anders, damit du mit deinem Sportlehrer gut auskommst?

KIND Ich widerspreche ihm nicht.

MUTTER Das lässt du also bleiben? Was machst du stattdessen?

KIND Ich tue so, als würde ich zuhören. Ich nicke und sage: »Okay.«

MUTTER Da hast du also was gefunden, das bei deinem Sportlehrer funktioniert. Wie nennst du diese Fähigkeit?

KIND Keine Ahnung. Ich denk mal: gutes Benehmen.

MUTTER Gutes Benehmen. Okay, du scheinst diese Fähigkeit bereits zu besitzen. Du kannst sie bei deinem Sportlehrer einsetzen. Meinst du, es wäre gut, wenn du diese Fähigkeit auch bei den anderen Lehrern nutzen könntest?

Benennen Sie das Gegenteil des Problems!

Wenn Eltern oder Lehrer sich Sorgen über das Verhalten eines Kindes machen, verwenden sie zur Beschreibung oft eine problemorientierte Sprache und negativ besetzte Wörter. Sie sagen z. B., dass das Kind »impulsiv« sei, ein »geringes Selbstwertgefühl« oder »kein Einfühlungsvermögen« habe. Solche pauschalen Problembeschreibungen sagen nicht viel über die tatsächlichen Schwierigkeiten des Kindes aus, aber wenn man benennen kann, was das Gegenteil des Problems ist, lässt sich einfacher definieren, welche Fähigkeiten das Kind lernen könnte. Der folgende Dialog ist ein Beispiel dafür, wie ein solches Gespräch aussehen könnte.

VATER Mein Sohn ist extrem schüchtern.

B. F. Sie wünschen sich also, dass er weniger schüchtern ist?

VATER Ja. Ich glaube, er leidet unter seiner Schüchternheit.

B. F. Hmm, nicht schüchtern. Wie nennt man ein Kind, das nicht schüchtern ist?

VATER Ich weiß nicht, vielleicht »mutig« oder »selbstbewusst«.

B. F. Das klingt schlüssig. Ich denke, Kinder befinden sich immer irgendwo auf dem Spektrum zwischen schüchtern und selbstbewusst. Ich frage mich, was wäre Ihrer Meinung nach das erste kleine Anzeichen dafür, dass Ihr Sohn Fortschritte macht und selbstbewusster wird?

VATER Er würde sich nicht in seinem Zimmer verkriechen, wenn wir Gäste haben.

B. F. Verstehe. Was würde er stattdessen tun?

VATER Er würde aus seinem Zimmer kommen und die Gäste zumindest begrüßen.

B. F. Wäre das eine Fähigkeit, von der Sie wollen, dass er sie lernt? Würden Sie sich weniger Sorgen um ihn machen, wenn er diese Fähigkeit erlernen könnte?

VATER Meine Frau und ich wären beide sehr erleichtert, wenn er das lernen würde.

Verlagern Sie den Schwerpunkt: weg von den Erklärungen für das Verhalten hin zum Verhalten selbst!

Wenn Eltern, Lehrer und andere Betreuende über die Probleme von Kindern sprechen, äußern sie sich manchmal in einer Art und Weise, die wenig über die Probleme des Kindes aussagt, aber viel über die elterlichen Vorstellungen von den zugrunde liegenden Problemursachen preisgibt. Ein Lehrer könnte z. B. sagen, dass es einem Kind an Einfühlungsvermögen mangelt, dass es traumatisiert ist oder ein geringes Selbstwertgefühl hat. Solche gewichtigen Begriffe beschreiben nicht die konkreten Probleme des Kindes, sondern liefern potenzielle Erklärungen für deren Ursachen.

Um herauszufinden, welche Fähigkeiten Kinder erlernen können, kann es nützlich sein, wenn wir unser Bedürfnis nach Erklärungen vorübergehend ausschalten und stattdessen darauf schauen, was das Kind als Herausforderung empfindet. Dann können wir auf der Grundlage dieser Informationen herausfinden, von welchen Fähigkeiten das Kind profitieren würde. Der folgende Dialog ist ein Beispiel für ein solches Gespräch.

MUTTER Mein Sohn nervt alle mit seinem egoistischen Verhalten. Immerzu will er die Aufmerksamkeit auf sich ziehen.

B. F. Was tut er, dass Sie den Eindruck haben, sein Verhalten sei egoistisch und aufmerksamkeitsheischend?

MUTTER Zum Beispiel unterbricht er andere Leute sehr oft. Wenn ihm ein Gedanke in den Sinn kommt, platzt er damit heraus, ohne die anderen ausreden zu lassen.

B. F. Würden Sie sagen, dass die Angewohnheit, andere Menschen zu unterbrechen, eines seiner Probleme ist?

MUTTER Ja, das ist auf jeden Fall eines davon.

B. F. Ich verstehe. Wäre das ein geeignetes Problem, mit dem er anfangen könnte?

MUTTER Ja, ich denke schon.

B. F. Was muss er Ihrer Meinung nach lernen, um andere nicht zu unterbrechen?

MUTTER Er muss lernen, mehr Geduld zu haben. Er muss lernen, zu warten und die anderen ausreden zu lassen.

B. F. Das ist eine wichtige Fähigkeit, die Kinder lernen müssen. Haben Sie eine Idee, was er tun könnte, um das zu schaffen?

MUTTER Manchmal kneife ich mich heimlich selbst, damit ich trotzdem geduldig zuhöre, wenn meine Kunden mir Dinge erklären, die mich nur wenig interessieren. Vielleicht sollte er sich so was Ähnliches angewöhnen.

B. F. Zuhören ist für Kinder nicht leicht zu erlernen. Aber wenn er sich bereit erklärt, sich zu bemühen, dass er besser darin wird, wird er bestimmt Fortschritte machen.

● ● ●

Die Anwendung des Fähigkeitsdenkens in der Erziehung beginnt damit, dass wir unsere Wünsche in Fähigkeiten umformulieren, die Kinder lernen können. Aber das ist nur der erste Schritt. Sie müssen natürlich auch herausfinden, wie Sie Ihr Kind für das Lernen interessieren und motivieren können, damit es sich auch anstrengt, diese Fähigkeit einzuüben.

Im nächsten Kapitel stelle ich Ihnen eine breite Palette von Möglichkeiten vor, wie diese Haltung dazu beitragen kann, Kinder zum Erlernen der Fähigkeiten zu motivieren, die wir für nützlich halten.

4 WIE MAN KINDER MOTIVIERT, NEUE FÄHIGKEITEN ZU ERLERNEN – *ICH SCHAFF'S!* IN 15 SCHRITTEN

Wenn Kinder etwas unbedingt lernen wollen,
werden sie es auch schaffen.

Wir sind uns wohl alle einig, dass Kinder die meisten Schwierigkeiten durch das Aneignen von Fertigkeiten überwinden können, aber die wirkliche Herausforderung liegt darin, wie Sie Ihr Kind dazu bringen, sich wirklich auf das Erlernen einer bestimmten Fertigkeit einzulassen. In diesem Kapitel gebe ich Ihnen 15 Tipps, wie Sie sich die Haltung des Fähigkeitsdenkens zu eigen machen und sie kreativ einsetzen können, um Ihr Kind zum Erlernen von Neuem zu motivieren.

Schritt 1: Sprechen Sie mit dem Kind zuerst über Fähigkeiten, die es bereits gelernt hat!

Bevor Sie mit Ihrem Kind darüber sprechen, welche neuen Fähigkeiten es lernen soll, sollten Sie sich zunächst über die vielen Fähigkeiten austauschen, die es bereits erworben hat. Wenn Sie dafür sorgen, dass Ihr Kind stolz auf etwas bereits Gelerntes ist, erhöht das die Wahrscheinlichkeit, dass es bereit ist, mit Ihnen über Dinge zu sprechen, die es sich als Nächstes vornehmen soll.

Schritt 2: Sagen Sie »wir« anstelle von »ich«!

Wenn Sie Ihrem Kind eine Fähigkeit vorschlagen, die es erlernen soll, sprechen Sie wann immer möglich von »wir« statt von »ich«. Sagen Sie

> »Wir denken, es wäre gut für dich, wenn du …«

und nicht »Ich denke, es wäre gut für dich, wenn du …«. Kinder werden Ihrem Wunsch eher nachkommen, wenn sie merken, dass nicht nur Sie diese Fähigkeit für wichtig halten, sondern dass auch alle anderen, denen etwas an den Kindern liegt und die sich um sie kümmern, dafür sind, dass sie diese Fähigkeit erlernen bzw. darin besser werden.

Schritt 3: Finden Sie heraus, welche Fähigkeit das Kind am liebsten lernen möchte!

Wenn das Kind kein Interesse zeigt, die Fähigkeit zu erlernen, die Sie ihm vorgeschlagen haben, machen Sie sich keine Sorgen. Fragen Sie stattdessen, ob ihm etwas anderes einfällt, das es lieber lernen würde. Wenn Sie ihm gestatten, sich zunächst eine Fähigkeit seiner Wahl vorzunehmen, können Sie ihm mit diesem Ansatz eine positive Lernerfahrung verschaffen – was eine gute Voraussetzung dafür ist, später auch andere Fähigkeiten zu erlernen.

Schritt 4: Verbünden Sie sich mit dem Kind, indem Sie ebenfalls eine Fähigkeit erlernen!

Sie können die Bereitschaft Ihres Kindes, sich auf Neues einzulassen, verstärken, indem Sie sich gleichzeitig auch selbst eine Fähigkeit vornehmen, die Sie erlernen möchten. Es fällt Ihrem Kind leichter, eine neue Aufgabe in Angriff zu nehmen, wenn Sie und am besten auch die anderen Familienmitglieder ebenfalls bereit sind, neue Dinge zu lernen.

Schritt 5: Sprechen Sie mit dem Kind über die Vorteile, die das Beherrschen der Fähigkeit mit sich bringt!

Für die nötige Motivation, etwas Neues zu erlernen, muss Ihr Kind das Gefühl haben, dass das Beherrschen dieser Fertigkeit gewisse Vorzüge mit sich bringt. Sprechen Sie also gemeinsam über den Nutzen – nicht nur für Ihr Kind selbst, sondern auch für andere wichtige Menschen im Leben des Kindes.

Wenn Erwachsene mit Kindern über solche Vorteile einer bestimmten Fähigkeit sprechen, landen sie meist dabei, dass sie verschiedene negative Konsequenzen aufzählen, die sich durch das Problem des Kindes ergeben und die das Kind durch die neue Fähigkeit vermeiden könnte. Eine bessere Motivationstaktik ist es, das Kind in ein Gespräch über die relevanten Vorzüge zu verwickeln. Vermeiden sollten Sie Bemerkungen wie: »Wenn du diese Fähigkeit erlernst, kannst du vermeiden, dass du von deinem Lehrer getadelt wirst.« Sagen Sie stattdessen lieber:

> »Du bekommst dann mehr Respekt von deinen Lehrern.«

Oder anstatt »Dann muss ich mich nicht mehr für dich schämen« könnten Sie sagen:

> »Dann könnte ich stolz auf dich sein.«

Hier ist noch ein weiterer wichtiger Punkt: Achten Sie darauf, dass der Nutzen der neuen Fertigkeit für das Kind relevant und passend ist. Wenn das Kind z.B. leidenschaftlich gerne Fußball spielt, ist es sinnvoll zu thematisieren, wie eine bestimmte Fähigkeit ihm helfen wird, ein erfolgreicher Fußballspieler zu werden. Oder wenn es für das Kind einen besonders hohen Stellenwert hat, enge Freunde zu haben, sollten Sie mit ihm besprechen, wie die Fähigkeit dazu beiträgt, Freunde zu finden und Freundschaften auch zu erhalten.

Schritt 6: Stärken Sie das Selbstvertrauen des Kindes!

Sie sollten dem Kind nicht nur die vielen Stärken vor Augen führen, die es bereits besitzt, sondern auch, warum Sie davon überzeugt sind, dass es ihm gelingen wird, die neu angestrebte Fähigkeit zu erlernen. Sie können z. B. sagen:

- »Du bist gut darin, neue Dinge zu lernen.«
- »Du verstehst ganz genau, warum es gut für dich ist, darin besser zu werden.«
- »Du hast viele Helfer.«
- »Du hast schon Fortschritte gemacht.«
- »Du bist so hartnäckig: Wenn du dir erst mal in den Kopf gesetzt hast, etwas zu lernen, wirst du es auch ganz sicher schaffen.«

Schritt 7: Achten Sie darauf, dass die Fähigkeit nicht zu anspruchsvoll ist!

Ihr Kind schreckt möglicherweise zurück, wenn Sie ihm vorschlagen, eine Fähigkeit zu erlernen, die ihm zu schwierig und zu ambitioniert vorkommt. Größere und anspruchsvolle Fähigkeiten müssen in kleinere Schritte unterteilt werden, die dem Kind machbar erscheinen. Nehmen wir an, Ihr Kind hat die schlechte Angewohnheit, an den Fingernägeln zu kauen. Sie könnten ihm vorschlagen, damit zu beginnen, erst mal nur einen Nagel wachsen zu lassen anstatt gleich alle zehn. Wenn Ihr Kind sich ständig mit anderen Kindern streitet, könnte für den Anfang eine kleine Aufgabe darin bestehen, dass es lernt, sich einfach zu anderen dazuzugesellen oder zu fragen: »Darf ich mitspielen?«

Schritt 8: Bitten Sie das Kind, der Fähigkeit einen Namen zu geben!

Ermuntern Sie Ihr Kind dazu, einen ansprechenden Namen für das zu finden, was es lernen soll. Kinder sind motivierter zum Lernen, wenn sie die Fähigkeit selbst benannt haben. Gibt es erst mal einen konkreten Namen, lockert sich die Gesprächsatmosphäre auf, und es wird leichter, über das Thema zu reden. Darüber hinaus regt ein Name, der dem Kind gefällt, seine Kreativität an. Das ist ein ganz wesentlicher Aspekt, wenn wir darüber sprechen, was zum Erlernen der Fähigkeit nötig ist.

Schritt 9: Bitten Sie das Kind, Helfer zu benennen!

Um Fähigkeiten zu erlernen, brauchen Kinder die Unterstützung anderer Menschen. Sie können von all der Hilfe und Ermutigung aus ihrer Umgebung profitieren. Wenn sie ein Team von Helfern haben, stärkt das ihre Zuversicht, was wiederum die Motivation erhöht. Fordern Sie Ihr Kind auf, darüber nachzudenken, wen es um Unterstützung bitten könnte – das können sowohl Erwachsene als auch andere Kinder sein. Vor allem Kinder, die etwas älter als Ihr Kind sind, eignen sich besonders gut. Sobald das Kind seine Helfer ausgewählt hat, können Sie mit ihm besprechen, was diese zur Unterstützung beitragen können. Das kann auf vielfältige Weise geschehen. Die anderen können z. B.:

- dem Kind helfen zu verstehen, warum es sich lohnt, diese Fähigkeit zu erlernen
- dem Kind ihre Bewunderung zeigen, wenn es seine Fähigkeit unter Beweis stellt
- Ideen liefern, wie man die Fertigkeit üben kann
- das Kind freundlich an die Fähigkeit erinnern, wenn es sie mal vergisst
- und zu der vereinbarten Party kommen, um das Kind zu feiern, wenn es die Fähigkeit erlangt hat.

Schritt 10: Ermutigen Sie das Kind, sich einen imaginären Helfer zu suchen!

Schlagen Sie Ihrem Kind vor, sich eine Figur – z. B. ein Tier oder einen Superhelden – zu suchen, die es beim Erlernen der Fähigkeit unterstützt. Kinder profitieren von einem imaginären Freund, der ihnen hilft, Dinge zu lernen und Herausforderungen zu meistern. Dies inspiriert sie auch dazu, kreative Ideen zu entwickeln, in welcher Weise ihr imaginärer Helfer sie beim Erlernen ihrer Fähigkeiten unterstützen kann.

Schritt 11: Planen Sie eine Feier für das Beherrschen der Fähigkeit!

Besprechen Sie mit Ihrem Kind, wie Sie feiern werden, wenn es die Fähigkeit erworben hat. Wenn möglich lassen Sie Ihr Kind entscheiden, wo und wie es feiern will und wer eingeladen werden soll. Erklären Sie ihm, dass es bei der Feier nicht darum geht, Geschenke als Belohnung zu bekommen. Es handelt sich vielmehr um ein Treffen, bei dem das Kind für seine Leistungen gewürdigt wird und sich bei den Helfern bedanken kann, die es auf seinem Weg begleitet haben. Kinder lieben es, Feste zu planen, und die Vorfreude auf das bevorstehende Ereignis trägt wesentlich zur Lernmotivation bei.

Schritt 12: Helfen Sie dem Kind herauszufinden, wie es die Fähigkeit üben kann!

Um eine Fähigkeit zu erlernen, muss man üben, und Kinder sind nicht automatisch bereit dazu. Sie können die Bereitschaft Ihres Kindes aber steigern, indem Sie es ermutigen, mit Ihnen zusammen eine wirksame Art und Weise des Trainierens zu finden, die vielleicht sogar Spaß macht.

Bei der Entwicklung des Kompetenzansatzes wurde schnell deutlich, dass die Kinder, mit denen wir arbeiteten, in der Regel nicht besonders erpicht darauf waren, ihre Fähigkeiten zu üben. Glücklicherweise stellten wir aber fest, dass sie gerne demonstrierten, wie gut sie das Gelernte entweder in einem Rollenspiel oder in echten Situationen im Alltag unter Beweis stellen konnten. Wenn Sie das Fähigkeitsdenken bei Ihrem Kind anwenden, sollten Sie sich seinen angeborenen Wunsch zunutze machen, Ihnen und anderen Menschen zu zeigen, wie gut es die jeweilige Fähigkeit bereits beherrscht.

> »Zeig mir noch einmal, wie gut du darin schon geworden bist, ... (dich schnell anzuziehen, geduldig in der Schlange zu stehen, ordentlich zu essen, die Zähne zu putzen usw.).«

Eine weitere Möglichkeit, beim Kind das Interesse am Üben zu steigern, besteht darin, ein lustiges Spiel zu erfinden, in dem es die Fertigkeit in gestellten, herausfordernden Beispielsituationen üben kann. Wenn möglich sollten Sie in Erwägung ziehen, die Darbietung des Kindes zu fotografieren oder auf Video aufzunehmen und dann das Gelernte zu vertiefen, indem Sie die Bilder und Filmaufnahmen gemeinsam ansehen.

Bei Kleinkindern können Sie sich ein Spiel ausdenken, bei dem Sie so tun, als ob eines seiner Kuscheltiere vor derselben Herausforderung steht. So können Sie das Kind dazu bringen zu erkennen, welche Fähigkeit das Kuscheltier erlernen muss (um sein Problem zu überwinden) und auf welche Art und Weise es diese Fähigkeit einüben kann. Mit einem solchen Spiel können Sie dem Kind verständlich machen, wie es auch seine eigene Schwierigkeit in ähnlicher Form bewältigen kann.

Schritt 13: Klären Sie, wie Sie das Kind am besten loben können!

Fragen Sie Ihr Kind, wie es Ihre Wertschätzung gezeigt bekommen möchte, wenn es das neu Gelernte anwendet. Manche Kinder freuen sich über verbale Komplimente, während andere es lieber haben, wenn wir unsere Anerkennung nonverbal mit Gesten oder anderen stillen Signalen zum Ausdruck bringen. Die einen lassen sich gern öffentlich loben, während andere es lieber diskret haben. Lassen Sie sich von Ihrem Kind helfen, eine geeignete Art des Lobens zu finden, die zu ihm passt und ihm gefällt.

Schritt 14: Vereinbaren Sie eine gute Art, wie Sie das Kind an sein Vorhaben erinnern können!

Kinder eignen sich Fähigkeiten nicht über Nacht an, auch wenn sie sich noch so bemühen. Früher oder später werden sie zwangsläufig Rückschritte erleben – Situationen, in denen sie nicht an die Fähigkeit denken und kurzzeitig in ihr altes Verhaltensmuster zurückfallen. Anstatt diese unvermeidlichen Ausrutscher als Rückschläge zu bezeichnen, ziehe ich es vor, sie einfach als Momente zu betrachten, in denen das Kind die angestrebte Fähigkeit vorübergehend vergisst. Um solche Vorfälle durch die Brille des Fähigkeitsdenkens zu betrachten, fragen Sie Ihr Kind, wie Sie und andere Personen ihm helfen sollen, sich an das Vorhaben zu erinnern.

> »Wie sollen ich und deine Helfer dich an deine Fähigkeit erinnern, wenn du mal nicht dran denkst?«

Kinder reagieren sehr empfindlich auf die Art und Weise, wie wir sie an die Aufgabe erinnern, an der sie gerade üben. Wenn wir es so machen, dass sie genervt sind, wirkt das eher demotivierend. Wenn wir sie hingegen so daran erinnern, dass sie es als hilfreich empfinden, können wir ihre Motivation trotz des Ausrutschers bestärken. In der Regel funktionieren zuvor vereinbarte Zeichen oder Geheimwörter viel besser als jede Art von verbalen Ermahnungen.

Schritt 15: Bieten Sie dem Kind die Möglichkeit, einem anderen beim Erlernen der gleichen Fähigkeit zu helfen!

> »Ich wollte dir noch sagen: Wenn du deine Fähigkeit gelernt hast, kannst du einem anderen Kind in der Klasse helfen, das Gleiche zu lernen.«

Kinder sind oft eher motiviert, anderen etwas beizubringen, als selbst neue Dinge zu lernen. Wenn Sie Ihrem Kind in Aussicht stellen, dass es wahrscheinlich einem anderen Kind beim Üben der gleichen Fertigkeit helfen kann, ist ihm dies ein zusätzlicher Anreiz, dafür zu sorgen, dass es sich diese auch wirklich aneignet.

● ● ●

Sie wissen nun also, wie Sie die Probleme der Kinder in erlernbare Fähigkeiten umwandeln können, und haben auch eine breite Palette von Mitteln zur Hand, um Kinder zu motivieren, dass sie die Dinge lernen, die sie sich vorgenommen haben. Lassen Sie uns im Folgenden darüber sprechen, wie Sie das Fähigkeitsdenken nun im Alltag mit Ihren Kindern einsetzen können.

5 WIE MAN DAS FÄHIGKEITSDENKEN IM ERZIEHUNGSALLTAG EINSETZT

Wenn Sie Ihrem Kind zeigen, dass Sie *ihm etwas zutrauen, wird es* sich *auch selbst mehr zutrauen.*

Wir haben den Kompetenzansatz ursprünglich für Erzieher, Lehrer und andere pädagogisch Tätige entwickelt, damit sie den Kindern bei der Bewältigung von Herausforderungen helfen können. Allerdings eignet sich diese Denkweise ebenso gut dafür, die allgemeine Entwicklung von Kindern im familiären Alltag zu fördern, auch wenn die Kinder gerade gar nicht mit irgendwelchen Schwierigkeiten zu kämpfen haben. Wenn Sie das Fähigkeitsdenken im alltäglichen Umgang mit Ihrem Kind nutzen wollen, empfehle ich Ihnen, als Erstes einen Merkzettel an der Kühlschranktür anzubringen, um sich immer wieder die folgenden fünf Grundsätze in Erinnerung zu rufen:

Schritt 1: Betrachten Sie Ihre eigenen Wünsche als Fähigkeiten, die das Kind lernen soll!

Vermeiden Sie es, Ihr Kind für ein falsches Verhalten zu kritisieren, und denken Sie stattdessen darüber nach, was Sie sich wünschen würden: Was soll Ihr Kind lernen, in ähnlichen Situationen zu tun oder zu sagen? Betrachten Sie die angestrebte Art zu reagieren als eine Fähigkeit, die Ihr Kind mit der Unterstützung anderer Menschen erlernen kann.

Schritt 2: Erklären Sie dem Kind, warum es wichtig ist, diese Fähigkeit zu erlernen!

Ihr Kind versteht vielleicht gar nicht, warum Sie wollen, dass es eine bestimmte Fähigkeit erlernt. Helfen Sie ihm zu erkennen, warum gerade dieses Vorhaben wichtig und nützlich ist.

Schritt 3: Stärken Sie das Selbstvertrauen des Kindes!

Sprechen Sie Ihrem Kind Mut zu. Sagen Sie ihm, warum Sie daran glauben, dass es die Fertigkeit wirklich meistern kann.

Schritt 4: Erinnern Sie das Kind auf eine freundliche Art und Weise!

Vereinbaren Sie mit Ihrem Kind, wie Sie es bei Bedarf freundlich an das Üben erinnern sollen – und zwar so, dass seine Motivation nicht darunter leidet.

Schritt 5: Bestärken Sie das Kind beim Lernen!

Bestärken Sie Ihr Kind beim Lernen, indem Sie ihm die Chance geben, stolz auf seine Fortschritte und Erfolge zu sein.

Schritt 1: Betrachten Sie Ihre eigenen Wünsche als Fähigkeiten, die das Kind lernen soll!

Ich gehe davon aus, Sie haben durch die Lektüre der vorigen Kapitel nun den Gedanken verinnerlicht, dass sich alle denkbaren Probleme von Kindern als Fähigkeiten betrachten lassen, die sie noch nicht gelernt haben. Stellen Sie sich vor, Sie trügen eine Brille, die es Ihnen erlaubt, Ihr Kind in einem anderen Licht zu sehen: nicht als ein Kind, das mit Schwierigkeiten zu kämpfen hat, sondern als eines, das Unterstützung und Hilfe bei der Entwicklung von Fähigkeiten braucht – von Stärken, die nötig sind, um mit verschiedenen Herausforderungen zurechtzukommen, mit denen es im Leben unweigerlich konfrontiert wird.

Loben Sie Ihr Kind lieber für das erwünschte Verhalten, statt es für das unerwünschte zu kritisieren!

Schritt 2: Erklären Sie dem Kind, warum es wichtig ist, diese Fähigkeit zu erlernen!

Wenn Sie möchten, dass Ihr Kind eine Fähigkeit erlernt, bereiten Sie sich darauf vor, gemeinsam zu erörtern, warum diese Fähigkeit für Ihr Kind relevant und wichtig ist. Wenn ich diese Haltung in meinen Vorträgen vermittle, zeige ich den Zuhörern oft einen Youtube-Video, in dem ein deutscher Vater mit seinem 6-jährigen Sohn über Hausaufgaben spricht.

> In dem Video sehen wir, wie der **JUNGE MIT SEINEM VATER** an einem Tisch sitzt und Buchstaben in sein Heft schreibt.
>
> »Ich weiß nicht, warum ich in die Schule muss«, beklagt sich der Junge genervt bei seinem Vater.
>
> »Sag noch mal«, erwidert der Vater, »was du gerade gesagt hast. Ich hab das nicht ganz verstanden.«
>
> »Ich möchte Bauarbeiter werden. Da muss man nich schreiben können«, antwortet der Junge, »Ich fahr nur Fahrzeuge.«
>
> »Ach so.«

»Und bei den Fahrzeugen, da muss man nich schreiben.«

»Nee. Aber du musst ja trotzdem auch rechnen können und gucken können, wie hoch die Mauer sein muss und wie tief das Loch sein muss. Muss man alles berechnen«, gibt der Vater zu bedenken.

»Ohh, ich bin doch da nich der Bauchef, ich fahre doch nur'n Bagger und alle anderen Fahrzeuge, sonst nix.«

»Ja, aber wenn du'n Führerschein machen willst, musst du ja auch lesen können. Du musst ja erst ne Führerscheinprüfung machen. Da sind Fragen, die muss man erst mal lesen können. Und dann muss man den Bremsweg ausrechnen ... da muss man ausrechnen, wie schwer ein Lkw beladen werden kann ...«

Der Junge hört sich die Argumente seines Vaters mit ernster Miene an. »Und muss ich das alles machen? Warum?« Dann stößt er einen tiefen Seufzer aus, setzt die Hand mit dem Stift wieder an und schreibt weiter Buchstaben in sein Heft.

In dem Video gelingt es dem Vater, seinen Sohn mit nur wenigen, gut gewählten Worten davon zu überzeugen, warum das Erlernen dieser Kompetenzen so wichtig ist. Er begründet die Bedeutung dieser Fertigkeiten aus der Perspektive seines Sohnes – er hilft ihm zu erkennen, dass Lesen und Schreiben nötig sind, um seine eigenen Ziele zu erreichen. Wenn der Traumberuf Ihres Kindes Ballett-Tänzerin oder -Tänzer ist, sollten Sie die Fähigkeit, die es gerade erlernen soll, damit begründen, dass sie ihm zum Erfolg im Ballett verhelfen kann. Wenn Ihr Kind davon träumt, Fußballchampion zu werden, sollten Sie entsprechende Argumente liefern, die ihm vor Augen führen, wie die aktuell angestrebte Fähigkeit ihm auch im Fußball weiterhelfen kann.

Zur Veranschaulichung dieses Gedankens hier noch eine weitere Erfahrung, die ich mit einer meiner Töchter gemacht habe.

Als **MEINE TOCHTER 5 JAHRE ALT** war, saß ich eines Abends mit einem dicken Manuskript neben ihrem Bett im Kinderzimmer, als sie gerade dabei war einzuschlafen.

»Was machst du, Dad?«, fragte sie mich.

Ich hätte mich eigentlich gar nicht auf ein Gespräch mit ihr einlassen sollen, da es für sie Zeit zum Schlafen war, aber aus irgendeinem Grund antwortete ich ihr schließlich: »Ich arbeite an einem Buch darüber, wie man Kindern helfen kann, Probleme zu überwinden«, sagte ich.

»Oh, ich hab keine Probleme«, antwortete sie.

»Na ja, eigentlich geht es in dem Buch gar nicht so sehr um Probleme, sondern eher darum, wie man den Kindern hilft, Fähigkeiten zu erlernen«, erklärte ich.

»Aha, aber ich habe auch keine Fähigkeiten, die ich lernen muss«, sagte sie.

»Jeder Mensch hat Fähigkeiten, in denen er noch besser werden muss. Auch du.«

»Welche Fähigkeiten muss ich denn lernen?«

»Du solltest zum Beispiel lernen einzuschlafen, ohne dass dir immer das helle Licht direkt ins Gesicht scheint. Du solltest lernen, im Dunkeln einzuschlafen oder nur mit einer kleinen Nachtlampe, die ein ganz schwaches Licht macht.«

»Warum?«, fragte sie. Sie verlangte eine Begründung, als ob sie mit der Idee vertraut wäre, dass wir Kindern erklären müssen, warum wir wollen, dass sie etwas Bestimmtes lernen.

»Na ja, zum einen, weil du gerne Freunde zum Übernachten einlädst. Und das wäre einfacher, wenn deren Eltern wüssten, dass du gelernt hast, dass du zum Einschlafen nur eine kleine Nachtlampe brauchst. Das helle Licht hält dich und deine Freunde manchmal stundenlang wach.«

Ich spürte, dass meine Tochter genau hinhörte, also konnte ich der Versuchung nicht widerstehen fortzufahren: »Und außerdem würdest du wahrscheinlich auch von anderen öfter zum Übernachten eingeladen werden, wenn ihre Eltern erfahren würden, dass du gelernt hast, ohne helles Licht einzuschlafen.« Meine Tochter wirkte nachdenklich. »Und wir würden sogar etwas Strom sparen«, fügte ich hinzu.

Was dann geschah, überraschte mich. Sie streckte wortlos ihren Arm aus und schaltete das helle Leselicht aus, das ihr ins Gesicht geleuchtet hatte.

Wenn Eltern das Verhalten ihres Kindes nicht passt, haben viele die schlechte Angewohnheit, dass sie anfangen, dem Kind Warum-Fragen zu stellen, also z. B. »Warum musst du denn die ganze

Zeit reden?«, »Warum hast du dem Jungen das Spielzeug weggenommen?«, »Warum bist du so langsam?«, »Warum isst du dein Essen nicht auf?«, »Warum gibst du mir so freche Antworten?«. Das Problem bei solchen Warum-Fragen ist, dass Kinder darauf gar nicht antworten können. Sie wissen nicht, warum sie das tun, und sie erleben die Warum-Fragen nicht als echte Fragen, sondern eher als eine Form von Schimpfen. Daher ist es nicht verwunderlich, dass Kinder auf solche Fragen ihrer Eltern oft mit einem Achselzucken und der Aussage »Weiß ich nicht« reagieren. Ein weiteres Problem bei Warum-Fragen ist, dass die Kinder gedrängt werden, Ausreden für ihr Verhalten zu erfinden und die Schuld auf jemand anderen zu schieben: »Weil du so doof bist!«, »Weil alle anderen das auch machen!«, »Weil Jana mich ärgert!«, »Weil ich sauer bin, dass du mir mein Handy nicht gibst!«.

Warum-Fragen können manchmal geradezu schädlich sein. Das Kind ist vielleicht nicht in der Lage, eine Antwort zu geben, aber es kann trotzdem anfangen, sich im Stillen Gedanken über die Gründe für sein Verhalten zu machen. Dann besteht die Gefahr, dass es beim Grübeln zu dem Schluss kommt, dass etwas an ihm nicht stimmt, dass es also in irgendeiner Weise nicht normal ist. Derartige Schlussfolgerungen schwächen das Selbstbewusstsein des Kindes und seine Zuversicht, dass es lernen kann, sich anders zu verhalten.

Legen Sie Ihren Fokus darauf, herauszufinden, welche Vorteile *das erwünschte Verhalten mit sich bringt, statt nachzugrübeln, warum sich das Kind so verhält!*

Eine Methode, die ich Eltern empfehle, die sich solche Fragen nach dem Warum abgewöhnen wollen, besteht darin, *erklärungssuchende* Warum-Fragen durch *kompetenzorientierte* Warum-Fragen zu ersetzen. Letztere verlangen nicht nach Antworten, warum sich das Kind unpassend verhält. Sie versuchen vielmehr, Antworten darauf zu finden, warum es für das Kind vorteilhaft wäre zu lernen, wie es sich besser bzw. in wünschenswerter Weise verhalten kann.

▶ »Leon, es wird Zeit, dass du lernst, die ganze Nacht in deinem eigenen Bett zu schlafen. Weißt du, warum es wichtig ist, dass große Jungs lernen, im eigenen Bett zu schlafen?«

- »Jonathan, ich möchte, dass du lernst, nett zu deiner Mutter zu sein. Es ist nicht nett von dir, so unhöflich mit ihr zu reden. Weißt du, warum es wichtig ist, dass alle Kinder lernen, freundlich zu ihrer Mutter zu sein?«
- »Ich habe mit deinem Vater darüber gesprochen, wie viel Bildschirmzeit wir dir in deinem Alter pro Tag zugestehen wollen. Es ist uns wichtig, dass du nicht zu viel Zeit mit deinem Handy verbringst und dass du auch andere Dinge tust. Weißt du, warum das so wichtig für uns ist? Verstehst du, warum wir uns Sorgen machen?«

Ihrem Kind auf verständliche Weise zu erklären, warum Sie möchten, dass es eine bestimmte Fertigkeit erlernt, ist ein wichtiger erster Schritt, um sein Interesse daran zu wecken, aber das allein reicht noch nicht aus. Unabhängig davon, wie gut es Ihnen gelingt, Ihr Kind von den Vorzügen zu überzeugen, müssen Sie zusätzliche Maßnahmen ergreifen, damit Ihr Kind ausreichend motiviert ist, sich bei der neuen Aufgabe anzustrengen.

Schritt 3: Stärken Sie das Selbstvertrauen des Kindes!

Früher war es durchaus üblich, dass Eltern versuchten, den Lernfortschritt ihres Kindes durch Kritik zu fördern. Sie sagten zu ihrem Kind z. B. Dinge wie:

- »Das schaffst du nicht.«
- »Das wird nicht klappen.«
- »Das kann doch nicht so schwer sein!«
- »Deine Schwester hat das viel schneller gelernt.«
- »Versuchs wenigstens mal.«
- »Du probierst es ja noch nicht mal aus.«
- »Halt, ich zeige dir, wie man das macht.«
- »Warum dauert das denn so lange?«
- »Ist das denn wirklich so schwierig?«

Eltern, die so mit ihren Kindern sprechen, hoffen wahrscheinlich, dass ihre abwertenden Bemerkungen die Motivation ihres Kindes steigern, indem sie in ihm den Wunsch wecken, den Eltern das Gegenteil zu beweisen. Kinder zu kritisieren schwächt jedoch in der Regel ihr Selbstvertrauen – es ist ein riskanter Ansatz in der Erziehung. Wenn Kinder die kritischen Kommentare ihrer Eltern verinnerlichen, kann ihr Selbstbewusstsein ernsthaft Schaden nehmen.

Die heutigen Erziehungskonzepte setzen mehr auf Ermutigung und Lob als auf Kritik und Fehlersuche. Wenn Sie die Lernmotivation Ihres Kindes steigern wollen, sollten Sie sich mit negativem Feedback zurückhalten und die Misserfolge nicht auch noch betonen. Stärken Sie stattdessen sein Selbstvertrauen: Vermitteln Sie Ihrem Kind glaubhaft, dass Sie (und auch andere Menschen) davon überzeugt sind, dass es ihm gelingen wird – auch wenn Sie wissen, wie schwer es sein kann, neue Stärken zu entwickeln. Sie könnten z. B. sagen:

- »Du kannst das schaffen.«
- »Du kannst alles lernen.«
- »Du bist gut darin, neue Dinge zu lernen.«
- »Du lernst schnell.«
- »Du kannst alles hinkriegen, was du dir vornimmst.«
- »Es hat noch nicht gleich geklappt, aber es war gut, dass du es schon mal versucht hast.«
- »Ich konnte sehen, dass du dein Bestes gegeben hast.«
- »Du hast das schon ganz oft gemacht.«
- »Du bist schon auf dem richtigen Weg, das zu lernen.«
- »Du hast schon viel schwierigere Dinge gelernt.«
- »Du wirst es lernen, weil du weißt, dass es wichtig ist.«
- »Du wirst es lernen, weil du mein Kind bist.«
- »Du wirst es lernen, denn wir werden dir alle helfen.«
- »Du wirst es lernen, weil ich weiß, dass du es lernen willst.«

Das Selbstvertrauen Ihres Kindes – also sein Glaube daran, dass es Neues lernen kann – wird davon beeinflusst, wie stark die Menschen in seinem Umfeld an seine Lernfähigkeit glauben. Je mehr die anderen ihm ihre Zuversicht zeigen, desto wahrscheinlicher ist es, dass das Kind sich auch selbst zutraut, das Angestrebte zu erreichen.

Schritt 4: Erinnern Sie das Kind auf eine freundliche Art und Weise!

Ein wichtiges Element des Fähigkeitsdenkens ist es, eine gute Art zu finden, wie Sie das Kind bei Bedarf an die Fähigkeit erinnern. Ich empfehle Ihnen, dass Sie sich etwas Zeit nehmen, um mit Ihrem Kind eine Vereinbarung darüber zu treffen, wie Sie es darauf aufmerksam machen, wenn es sein Vorhaben vergisst und wieder in das unerwünschte Verhalten zurückfällt bzw. zurückzufallen droht.

Ohne eine solche Vereinbarung mit dem Kind im Voraus ist die Gefahr groß, dass Sie, wenn das Kind mal nicht an seine Fähigkeit denkt, frustriert sind und mit Kritik oder Schimpfen reagieren:

- »Ach, du meine Güte. Jetzt kaust du schon wieder an den Nägeln!«
- »Hatten wir uns nicht gerade darauf geeinigt, dass du deinen kleinen Bruder nicht mehr ärgerst?«
- »Was ist denn das? Du hast doch versprochen, dein Chaos aufzuräumen. Warum hast du das nicht gemacht?«
- »Das klappt also schon mal nicht! Du hast es schon wieder gemacht.«
- »Das hab ich mir gedacht: In dem Moment, in dem ich mich umdrehe, machst du es wieder!«
- »Haben wir denn die ganze Zeit völlig umsonst darüber geredet? Das ist für mich echt frustrierend!«

Anstatt dem Kind gegenüber Ihren Frust zu zeigen, können Sie sich vornehmen, so mit Rückschlägen umzugehen, dass es dem Fähigkeitsdenken entspricht. Das bedeutet: Sie verzichten bewusst darauf, Ihr Kind zu kritisieren, und erinnern es an die Fähigkeit auf eine besondere Art und Weise, die Sie vorher miteinander verabredet haben.

Treffen Sie mit Ihrem Kind eine Vereinbarung, wie Sie es erinnern können, wenn es sein Vorhaben mal aus den Augen verliert!

Als Grundregel gilt: Kinder empfinden direkte verbale Ermahnungen leicht als Kritik, reagieren aber viel besser auf zuvor vereinbarte Gesten, Zeichen oder Geheimwörter.

Eine Mutter erzählte mir, dass ihre **8-JÄHRIGE TOCHTER** eine schlechte Angewohnheit hatte. Immer, wenn die Mutter sie bat, etwas zu tun – z. B. Geige üben –, antwortete die Tochter mit »Ja, mach ich gleich« oder »Nachher« und trödelte dann lange herum. Das Trödeln war für die Mutter zum Problem geworden, da sie das Mädchen immer wieder dazu ermahnen musste, ihre Aufgaben zu erledigen. Um eine Lösung zu finden, beschloss sie, ein Gespräch mit ihrer Tochter zu führen. Sie stellte ihr das Problem folgendermaßen dar: »Ich bin dafür verantwortlich, dass du übst, was die Geigenlehrerin dir aufgegeben hat, und es macht mir nichts aus, dich daran zu erinnern. Aber mir ist aufgefallen, dass du, wenn ich dich daran erinnere, oft antwortest, dass du es bald machen wirst. Dann machst du aber was anderes und ich muss dich wieder und wieder daran erinnern. Ich habe gemerkt, dass es dich nervt, wenn ich das immer wieder sage, und mir macht es auch keinen Spaß, dich andauernd zu ermahnen. Ich denke, wir sollten einen besseren Weg finden, mit solchen Situationen umzugehen.«

Als die Mutter den Eindruck hatte, dass ihre Tochter zugänglich war, schlug sie vor: »Wie soll ich dich daran erinnern, Geige zu üben? Wie wäre es, wenn ich nichts sage, sondern dir nur ein Zeichen gebe, das dir signalisiert: Jetzt ist es an der Zeit, die Geige auszupacken und mit dem Üben anzufangen.«

Das Gespräch, das sich aus dieser Anregung der Mutter ergab, brachte schließlich folgende Vereinbarung hervor: Von nun an würde die Mutter ihrer Tochter nicht mehr sagen, sie solle anfangen zu üben, sondern ihr stattdessen eine Karte mit dem Bild einer Geige zeigen. Die Tochter fand auch, dass es bestimmt besser funktionieren würde, wenn ihre Mutter nichts sagen, sondern ihr nur die Karte zeigen würde. Sie zeichnete sogar selbst die Geige auf die Karte. Die Methode, die sich die beiden miteinander ausgedacht hatten, löste das Problem zwar nicht sofort, aber aus diesem Austausch ergaben sich noch weitere Gespräche, durch die sie bessere Wege fanden, in Situationen miteinander zu kommunizieren, in denen die Mutter das Mädchen an ihre diversen Pflichten erinnern musste.

Eltern und andere Betreuungspersonen können den Teufelskreis von Auffordern und Trödeln durchbrechen, indem sie das Kind ermuntern, dass es sich an der Suche nach einer Möglichkeit beteiligt, wie man es so an seine Aufgaben erinnern kann, dass es ihm angenehm ist. Eine Grundschullehrerin erzählte mir folgendes Beispiel, wie sie diese Idee mit ihren Schülern umgesetzt hat.

»Wenn **7-JÄHRIGE ERSTKLÄSSLER** im Herbst eingeschult werden, sind sie wie Engel. Die Klasse ist ruhig, die Schüler hören mir aufmerksam zu und konzentrieren sich fleißig auf ihre Aufgaben. Im Laufe der Wochen und Monate nimmt der Lärmpegel in der Klasse zu, und wenn ich das ignorieren würde, wäre die Klasse bis Weihnachten ziemlich laut und unruhig. Normalerweise fordere ich die Kinder auf, mir bei der Suche nach einer Lösung für dieses Problem zu helfen. Vor einiger Zeit fragte ich die Schüler meiner jetzigen Klasse, ob ihnen aufgefallen sei, dass der Lärmpegel höher sei als im Herbst, als die Schule begonnen hatte. Die Schüler konnten das bestätigen. Ich fragte sie dann, was ich ihrer Meinung nach tun sollte, um die Klasse wieder ruhiger zu bekommen. Ich gab ihnen etwas Zeit zum Nachdenken, und nach einer Weile machten sie einen Vorschlag: ›Wenn du merkst, dass einer von uns laut ist‹, sagten sie, ›dann sag nichts zu ihm. Mach einfach weiter mit dem Unterricht, geh zu dem lauten Schüler hin, stell dich neben oder hinter ihn und leg ihm ganz sanft deine Hand auf die Schulter.‹«

Als ich das von der Lehrerin hörte, malte ich mir vor meinem inneren Auge aus, wie die arme Frau in der Klasse von einem Schüler zum anderen eilt und jedem die Hand auf die Schulter legt.

»Wie hat diese Methode bei Ihnen funktioniert?«, fragte ich.

»Erstaunlich gut«, sagte die Lehrerin und wies darauf hin, dass es wahrscheinlich deshalb so gut geklappt hat, weil der Vorschlag von den Schülerinnen und Schülern kam und nicht von ihr selbst.

Die Methode des sanften Erinnerns funktioniert nicht nur bei Kindern, sondern auch bei Erwachsenen, wie das folgende Beispiel verdeutlicht.

Die Mutter des **8-JÄHRIGEN DEMIAN** hatte an einem Wochenend-Workshop zum Thema »Fähigkeitsdenken für Eltern« teilgenommen. Als sie nach Hause kam, wollte sie den Ansatz mit ihrem Sohn ausprobieren. Die Mutter zeigte Demian ein illustriertes Arbeitsbuch für Kinder und brachte ihn dazu, freiwillig als ihr erstes »Versuchskaninchen« zu fungieren. Sie fanden schnell eine

Fähigkeit, die Demian erlernen sollte, und waren bereits dabei, die weiteren Schritte des Prozesses zu bearbeiten, als Demian plötzlich nachdenklich wurde und seine Mutter anstarrte. »Was ist denn los, worüber denkst du nach?«, fragte sie ihn.

»Mama, ich finde, du solltest auch eine Fähigkeit lernen«, sagte er.

»Meinst du? Welche Fähigkeit müsste ich lernen?«, fragte seine Mutter.

»Du schreist mich oft an. Du solltest lernen, freundlich mit mir zu sprechen, auch wenn du sauer auf mich bist«, erklärte Demian.

Die Mutter hatte sofort Gewissensbisse. »Stimmt«, sagte sie, »Ich werde manchmal wütend und schreie dich dann an. Das will ich gar nicht. Ich werde versuchen zu lernen, dass ich freundlich bleibe.«

Die Tatsache, dass Mutter und Sohn sich beide eine Fähigkeit vornahmen, ermöglichte es ihnen, sich gegenseitig zu unterstützen. Als es an der Zeit war, darüber zu sprechen, wie sie bei Bedarf an ihre Fähigkeiten erinnert werden wollten, schaute Demian seine Mutter an und sagte: »Wenn du deine Fähigkeit vergisst und mich wieder anschreist, kann ich dich mit einer Handbewegung daran erinnern.«

»Das ist eine gute Idee«, sagte die Mutter. »Was für eine Handbewegung willst du machen?«

»Ich werde dir dieses Zeichen geben«, sagte Demian und legte seine Hände so zusammen, dass die Finger ein Herz formten. Die Mutter war gerührt von diesem liebevollen Vorschlag und stimmte bereitwillig zu.

Der Grundgedanke hinter der Methode des sanften Erinnerns ist: Wenn die betreffende Person – sei es ein Kind oder ein Erwachsener – einen Vorschlag gemacht hat, wie andere sie an eine bestimmte Fähigkeit erinnern können, kann sie sich nicht mehr so leicht darüber ärgern, wenn die anderen sie dann tatsächlich darauf aufmerksam machen. Sie wird wahrscheinlich zumindest versuchen, positiv auf ein solches Zeichen zu reagieren, das sie ja selbst vorgeschlagen hat.

Lassen Sie mich zum Abschluss dieses vierten Schrittes die Formulierung wiederholen, die Ihnen vielleicht helfen kann, mit Ihrem Kind über das Thema sanfte Ermahnungen ins Gespräch zu kommen.

»Du bist schon ziemlich gut in ... ... geworden, aber manchmal vergisst du es trotzdem. Wenn ich merke, dass du nicht daran denkst, kann ich dich auf irgendeine Weise daran erinnern. Wie soll ich das machen?«

Einer der zusätzlichen Vorteile von sanften Ermahnungen ist, dass Sie an das Gespräch mit Ihrem Kind anknüpfen können, wenn die Art und Weise, die Sie vereinbart haben, nicht den gewünschten Effekt erzielt. Sie können z. B. sagen:

»Ich habe schon ein paar Mal versucht, dich auf die Art zu erinnern, wie du es gerne wolltest, aber es hat nicht immer funktioniert. Lass uns versuchen, einen besseren Weg zu finden, wie ich dich darauf aufmerksam machen kann. Was schlägst du vor?«

Schritt 5: Bestärken Sie das Kind beim Lernen!

»Ich gebe dir 10 Euro für jede Eins, die du aus der Schule nach Hause bringst« ist ein Satz, den schon so manche Mütter und Väter zu ihrem Kind gesagt haben. Es ist nicht ungewöhnlich, dass Eltern versuchen, ihre Kinder zum Lernen oder zu besseren Leistungen zu motivieren, indem sie ihnen bei Erfolg Geld, Süßigkeiten oder etwas anderes versprechen. Die Möglichkeit, Kinder auf diese Weise zu belohnen, klingt plausibel, aber die Methode funktioniert nicht so gut, wie man meinen könnte.

> Ich erinnere mich an eine psychologische Feldstudie, bei der die Forscher einer **GRUPPE VON TEENAGERN** einen hohen Geldbetrag anboten, wenn es ihnen gelänge, ihre Schulnoten am Ende des Halbjahres in einem bestimmten Maß zu verbessern. Alle Schüler der Forschungsgruppe nahmen die Herausforderung gerne an und waren zuversichtlich, dass sie es schaffen würden.
> Obwohl die in Aussicht gestellte Belohnung eine beträchtliche Geldsumme war, gelang es keinem von ihnen, das Ziel am Ende zu erreichen. Die Forscher kamen zu dem Schluss, dass die Motivation durch Geld bei Kindern nicht zum gewünschten Ergebnis führt.

Viele derzeit populäre Erziehungsansätze beruhen auf der Vorstellung, dass man die Motivation von Kindern zur Verhaltensänderung am besten durch einen geschickten und konsequenten Einsatz von Belohnungen und Konsequenzen fördern kann. Fähigkeitsdenken basiert auf einer ganz anderen Motivationstheorie, die nicht auf Belohnungen und Konsequenzen zählt, sondern auf Zusammenarbeit beruht. Diese Zusammenarbeit besteht – um es noch einmal zu wiederholen – in der gemeinsamen Suche nach Möglichkeiten, das Interesse des Kindes an neuen Fertigkeiten zu wecken und seine Motivation dazu zu fördern, indem man eine breite Palette von Mitteln einsetzt: von der Benennung der Fertigkeit durch das Kind über den Entschluss, Helfer einzubinden und die Unterstützung von Kraftfiguren in Anspruch zu nehmen, bis dahin, dass man die Erfolge und Fortschritte des Kindes feiert.

Stärken Sie die Motivation Ihres Kindes, indem Sie sein Interesse an der neuen Fähigkeit wecken!

Werfen wir einen genaueren Blick auf die Vielfalt der motivierenden Strategien, die die Haltung des Fähigkeitsdenkens auszeichnen.

Verbales Lob

Kleine Kinder freuen sich meist über ein direktes verbales Lob. Sagen Sie also etwas wie:

- »Gut gemacht!«
- »Du hast es geschafft!«
- »Das hast du schon ganz toll gelernt.«
- »Ich bin stolz auf dich.«
- »Ich bin echt beeindruckt.«

Solche Kommentare sind ein Zeichen für das Kind, dass Sie seine Bemühungen zu schätzen wissen und von den Fortschritten beeindruckt sind. Wenn Kinder jedoch älter werden, empfinden sie direktes Lob schnell als herablassend. Wenn Sie den Eindruck haben, dass das der Fall ist, sollten Sie zu einer der vielen anderen Möglichkeiten übergehen, die ich im Folgenden beschreibe.

Nonverbales Lob

Anstatt Ihr Kind direkt zu loben, können Sie ihm Ihre Wertschätzung etwas diskreter mit einem besonderen Gesichtsausdruck, einem vereinbarten Codewort oder einer bestimmten Geste zeigen – z. B. mit dem hochgestreckten Daumen, einem »High Five« oder Sie klopfen ihm auf die Schulter. Ein erfahrener Jugendleiter sagte einmal, dass die meisten Teenager heutzutage allergisch auf verbales Lob reagieren, aber sie sind sehr empfänglich für stillschweigende Zeichen der Würdigung.

Loben Sie das Kind für seine Bemühungen!

- »Das war schon mal ein guter Anfang!«
- »Versuchs noch einmal!«
- »Du hast dein Bestes gegeben!«
- »Das nächste Mal wirst du es bestimmt schaffen!«
- »Es wird immer besser!«
- »Das war knapp!«
- »Du bist hartnäckig!«
- »Du gibst nicht so schnell auf!«

Auch wenn es dem Kind nicht gelingt, die entsprechende Fertigkeit an den Tag zu legen, sollten Sie es dennoch für den Versuch loben:

> »Es hat noch nicht so ganz geklappt, aber wir konnten alle sehen, dass du dein Bestes gegeben hast. Mach dir keine Sorgen, du wirst es bald raushaben.«

Wenn Ihr Kind merkt, dass Sie nicht nur seine Erfolge, sondern auch seine Versuche und Bemühungen anerkennen, wird es motiviert sein, sich beim nächsten Mal noch mehr anzustrengen.

Erzählen Sie anderen Menschen von den Fortschritten des Kindes!

Anstatt das Kind direkt zu loben, können Sie viel erreichen, wenn Sie es gegenüber einer anderen Person loben. Angenommen, Sie sind die Mutter und telefonieren mit Ihrer Schwiegermutter, dann könnten Sie z. B. sagen:

»Habe ich dir schon erzählt, dass Laura gelernt hat, Gemüse zu essen? Gestern hat sie die erste Möhre ihres Lebens gegessen, und zwar nicht nur ein kleines Stück, sondern die ganze Möhre!«

Wenn Ihre Tochter Sie belauscht und hört, was Sie gesagt haben, wird sie sich freuen – vielleicht sogar noch mehr, als wenn Sie ihr das Gleiche direkt gesagt hätten. Außerdem wird die Großmutter Laura wahrscheinlich irgendwann später auf die tolle Nachricht ansprechen:

»Ich habe von deiner Mama gehört, dass du eine ganze Möhre gegessen hast. Sie hat sich sehr gefreut, als sie mir das erzählt hat, und ich finde auch, dass das ganz toll ist!«

Befragen Sie das Kind!

»Ich versuche, meinem Sohn meine Anerkennung zu zeigen, wenn er sich so verhält wie erwartet, aber er mag es überhaupt nicht, wenn ich ihn lobe. Anstatt sich zu freuen, wird er ärgerlich und sagt mir, ich solle aufhören, solche Sachen zu ihm zu sagen.«

Ich habe oft gehört, dass Eltern sich wundern, warum ihr Kind – in der Regel ein Teenager, aber es kann auch ein kleineres Kind sein – das Lob der Eltern konsequent ablehnt. Wenn es offenbar nicht direkt von Ihnen gelobt werden will, sollten Sie fragen, wie es ihm lieber wäre:

»Ich habe bemerkt, dass du meine Art, dich zu loben, nicht magst. Aber wenn ich sehe, dass du etwas richtig machst und ich stolz auf dich bin, würde ich dir das gerne in irgendeiner Form zeigen. Wie soll ich das machen? Wie soll ich dir zeigen, dass ich stolz auf dich bin?«

Kinder brauchen Lob, wenn sie etwas lernen. Aber wenn Ihre Art des Lobens bei Ihrem Kind nicht gut ankommt, fragen Sie danach, welche Art der Anerkennung ihm besser gefallen würde.

Fragen Sie das Kind nach den Fortschritten!

Ihrem Kind Fragen zu seinen Fortschritten und Erfolgen zu stellen ist eine elegante und wirksame Methode, um ihm das Gefühl zu geben, dass Sie seine Anstrengungen würdigen. Bei diesem Ansatz loben Sie nicht direkt, sondern stellen dem Kind Fragen, die es ermuntern, von seinen Leistungen zu erzählen:

> »Du hast es anscheinend geschafft, deine Hausaufgaben zu machen, als du von der Schule nach Hause gekommen bist. Das ist gar nicht so einfach. Wie hast du das gemacht?«

Fragen, die das Kind auffordern zu reflektieren, wie es ihm gelungen ist, sich wie gewünscht zu verhalten, vermitteln die Botschaft, dass Sie seine Leistung zu schätzen wissen.

Planen Sie eine Feier!

Vor vielen Jahren, als wir mit einer kleinen Gruppe von Kindern mit besonderem Förderbedarf an der Entwicklung des kompetenzorientierten Ansatzes arbeiteten, entdeckten wir eine unterhaltsame Methode, die den Kindern half, stolz auf ihre Fortschritte zu sein. Wir veranstalteten wöchentliche Partys, bei denen wir mit Limonade und Kuchen feierten, wenn eines der Kinder in der Gruppe seine Fähigkeit erlernt hatte. An einem Freitag feierten wir z. B. ein Kind, das früher ewig gebraucht hatte, sich anzuziehen, aber nun gelernt hatte, das ganz schnell hinzukriegen; und am nächsten Freitag würdigten wir den Durchbruch eines anderen Kindes, das gelernt hatte, mit anderen gemeinsam am Tisch zu essen. Wir waren überrascht, wie wichtig dieses Ritual für die Kinder war. Sie warteten sehnsüchtig auf ihre Feier, und es bestand kein Zweifel daran, dass die Vorfreude darauf für die Kinder ein wichtiger Motivator war, in ihren Projekten voranzukommen.

> Eine Mutter erzählte mir, sie habe wochenlang vergeblich versucht, ihre **4-JÄHRIGE TOCHTER** dazu zu bewegen, im eigenen Bett zu schlafen. Sie hatte ihr erklärt, warum es wichtig war, dass sie das lernte, und sie hatte ihr als Belohnung Geschenke versprochen, aber ihre Motivationstaktik hatte nicht gefruchtet. Dann sah sie

eine Fernsehsendung über das Fähigkeitsdenken, und auch, wenn ihr die Methode ein bisschen kompliziert erschien, erinnerte sie sich an einen der Schritte, die in der Sendung besprochen wurden – den Schritt, gemeinsam mit dem Kind einen Plan zu machen, wie man feiern könnte, wenn es die Fähigkeit beherrscht. Als sie das nächste Mal mit ihrer Tochter über das Thema sprach, sagte sie: »Wenn du es schaffst, sieben Nächte hintereinander in deinem eigenen Bett zu schlafen, können wir eine kleine Party organisieren, um zu feiern, dass du das geschafft hast.«

Zur Überraschung der Mutter reagierte das Mädchen begeistert auf die Idee und sagte: »Können wir dann Oma einladen?« Sie hatte großen Spaß daran, die bevorstehende Feier mit ihrer Mutter zu planen. Als die Mutter mir von ihrer Erfahrung erzählte, war es der Tochter bereits gelungen, vier Tage hintereinander im eigenen Bett durchzuschlafen.

Die Feier bietet dem Kind auch die Gelegenheit, sich bei all denjenigen zu bedanken, die ihm auf unterschiedliche Weise beim Üben der Fertigkeit geholfen haben. Diese Würdigung der Helfer fördert das Gefühl der Dankbarkeit, stärkt die zwischenmenschlichen Beziehungen und steigert die Motivation des Kindes, die erlernte Fähigkeit auch in Zukunft beizubehalten.

Auf den ersten Blick mag es so aussehen, als sei das Feiern nur eine weitere Möglichkeit, das Kind für seine Leistungen zu belohnen, und in gewisser Weise stimmt das auch. Aber ich betrachte es lieber als eine Art Übergangsritual, welches das Lernen des Kindes bestärkt und die Art und Weise verändert, wie es von anderen Menschen gesehen wird. Die Feier steht symbolisch für Wachstum, Reifung und Entwicklung.

Besprechen Sie die nächste Fähigkeit, die das Kind lernen soll!

Kinder leben in einem ständigen Lernprozess. Wenn Ihr Kind eine Fähigkeit erlernt hat, ist es an der Zeit, sich die nächste vorzunehmen. Der Übergang von einer Fähigkeit zur nächsten ist für das Kind ein Grund, stolz zu sein – es ist ein Zeichen dafür, dass es eine Herausforderung gemeistert hat und bereit ist, die nächste in Angriff zu nehmen.

Stellen Sie ein Zertifikat aus!

Den meisten Kindern gefällt der Gedanke, eine Urkunde, Medaille, ein Abzeichen oder etwas Ähnliches dafür zu bekommen, dass sie eine Fähigkeit erworben haben. Die Vorfreude auf eine solche Anerkennung für die erbrachte Leistung steigert die Motivation, sich beim Einüben anzustrengen. Die meisten Kinder freuen sich über eine solche Äußerung von Erwachsenen:

- »Wenn du die Fähigkeit erlernt hast, bekommst du ein Abzeichen, das du dir anstecken kannst.«
- »Wenn du die Fähigkeit erlernt hast, bekommst du diese Urkunde, die du dir an die Wand hängen kannst.«

Abzeichen und Zertifikate sind Ausdruck von sozialem Respekt und Wertschätzung.

● ● ●

Sie wissen nun, wie Sie die Herausforderungen Ihres Kindes in erlernbare Fähigkeiten umwandeln können. Sie kennen eine Reihe von Möglichkeiten, wie Sie Ihr Kind zum Erlernen dieser Fähigkeiten motivieren können, und vielleicht haben Sie sogar einen Zettel an die Kühlschranktür geklebt, um sich an die Leitlinien zu erinnern, die Ihnen helfen, die Ideen im Alltag mit Ihrem Kind in die Tat umzusetzen.

Es ist nun an der Zeit, Sie zum nächsten Kapitel einzuladen, in dem ich Ihnen eine Reihe von anschaulichen Fallbeispielen vorstellen werde – inspirierende wahre Geschichten, die beschreiben, wie Eltern, Lehrer und andere erzieherisch tätige Menschen es mithilfe des Fähigkeitsdenkens geschafft haben, Kindern bei der Bewältigung verschiedenster Schwierigkeiten zu helfen.

6 FALLBEISPIELE: FÄHIGKEITSDENKEN IN DER PRAXIS

Loben Sie Ihr Kind für den Versuch – nicht bloß für den Erfolg!

Eine neue Methode bzw. Haltung kann man sich am besten aneignen, indem man zunächst beobachtet, wie jemand die Methode einsetzt, und sie dann selbst übernimmt. Wenn das nicht möglich ist, kann man den Ansatz auch dadurch verinnerlichen, dass man sich Geschichten über die praktische Umsetzung anhört und es dann selbst ausprobiert.

Dieses Kapitel besteht aus einer Sammlung echter Fallgeschichten, die illustrieren, wie wir mit dem Fähigkeitsdenken Kindern unterschiedlichen Alters bei der Bewältigung ihrer Herausforderungen geholfen haben – was von kleineren Schwierigkeiten bis hin zu ernsteren psychischen Problemen reichte. Im Laufe der Jahre habe ich eine Vielzahl solcher Geschichten gesammelt. Die meisten der Folgenden stammen von Teilnehmenden eines Trainingsworkshops zum kompetenzorientierten Arbeiten mit Kindern. Im letzten Schritt der Zertifizierung müssen sie einen solchen Bericht abliefern.

Selektives Essen, 4-jähriges Mädchen

LINDAS Mutter interessierte sich für das Fähigkeitsdenken und nahm an einem Workshop dazu teil. Als sie nach Hause kam, erzählte sie ihrer Tochter, was sie gelernt hatte, und fragte sie, ob sie die Methode mit ihr ausprobieren wolle. Das Mädchen war einverstanden, konnte aber keine Fertigkeit nennen, die sie sich vornehmen wollte. Erst später sagte sie beim Abendessen zu ihrer Mutter, sie wolle lernen, neue Geschmäcker zu probieren. Linda war sehr wählerisch, was Essen anging, und war immer skeptisch, wenn es darum ging, etwas Neues zu probieren.

Ihre Fähigkeit nannte Linda »Lecker-Schmecker«; sie hielt sie für wichtig, weil sie sich daran erinnerte, dass sie oft traurig gewesen war, wenn sie sich nicht hatte durchringen können, etwas Ungewohntes zu probieren, das andere lecker fanden. Sie konnte sich auch an einige Male erinnern, als sie mutig genug gewesen war, von etwas Neuem zu kosten, und es ihr dann durchaus gut geschmeckt hatte.

Als Helfer wünschte sich Linda ihre Eltern, die beiden Brüder und als imaginären Gefährten Schnüferl (aus den *Geschichten aus dem Mumintal*). Schnüferl liebt Leckereien und ist immer hungrig. Lindas Mutter schenkte ihr einen Teller, Becher und Löffel mit Bildern von Schnüferl.

Linda wollte jedem, der zu Besuch kam, von ihrem Können erzählen und ihre Fähigkeit unter Beweis stellen, indem sie alle neuen Geschmäcker probierte, die auf den Tisch kamen. Außerdem bat sie ihre Eltern, im Supermarkt Sachen zu kaufen, die sie vorher noch nie probiert hatte, wie z.B. neue Joghurt- oder Obstsorten.

Es wurde vereinbart, dass Lindas Eltern das Codewort »Lecker-Schmecker« benutzen würden, um sie immer wieder mal an ihre Fähigkeit zu erinnern. Linda war sehr motiviert und probierte mutig neue Geschmacksrichtungen aus.

Es gab keine wirklichen Rückschläge, und wenn sich mal die Gelegenheit bot, etwas zu probieren, das sie sonst eigentlich ablehnen würde, funktionierte das Zauberwort »Lecker-Schmecker« gut, um ihr Mut zu machen. Süße Sachen waren einfacher, bei pikanten Geschmäckern brauchte sie mehr Anstoß von den anderen. Sie lernte in ihrer Übephase Dutzende von neuen Geschmacksrichtungen kennen. Birnenjoghurt, Mandarinen und Spinatsuppe wurden ihre Favoriten. Oliven, Blauschimmelkäse und Kohlsuppe blieben No-Gos, aber auch diese probierte sie immerhin ein paar Mal aus.

Sie erlernte ihre Fertigkeit ohne größere Schwierigkeiten, und nach einem Monat feierte die Familie Lindas Erfolg mit einer Delikatessenparty: Dabei servierte das Mädchen seinen Unterstützern verschiedene, zum Teil noch ganz ungewohnte Köstlichkeiten. Als Dankeschön malte sie jedem ihrer Helfer ein Bild seines Lieblingsgerichts.

Lindas Brüder, die sie unterstützt hatten, hatten sich ebenfalls an neue Lebensmittel gewagt, weil Linda sie dazu ermutigt hatte. Als sie Oliven probierte, gelang es ihr, auch ihre Mutter zu überreden, ebenfalls davon zu kosten – beide mussten sie beim gemeinsamen Olivenverzehr über die Grimassen der anderen laut lachen.

Als Linda eine richtige »Lecker-Schmecker«-Meisterin war, wollte sie sich eine weitere Fertigkeit aneignen. Sie hatte bereits beschlossen, dass es nach Beendigung ihres nächsten Vorhabens eine Prinzessinnenparty geben solle.

Selektives Essen und Einkoten, 5-jähriger Junge

JASPER kam wegen verzögerter Sprachentwicklung in die Sprachtherapie, aber er hatte auch noch andere Probleme. Eines davon war seine Mäkelei beim Essen. Da er nur ganz bestimmte Dinge aß, war er oft hungrig und schlecht gelaunt. Außerdem hatte er durch die unausgewogene Ernährung immer wieder Bauchschmerzen und Verstopfung. Meist verkniff er es sich, rechtzeitig auf die Toilette zu gehen, weshalb er häufig einkotete. Im Kindergarten war er nicht bereit, mit anderen Kindern am Tisch zu essen. Beim Mittagessen versteckte er sich hinter der Tür und kam erst wieder heraus, wenn der Tisch abgeräumt war.

Jaspers Logopädin vereinbarte ein Treffen mit dem Kindergartenpersonal. Dabei wurde beschlossen, dass er als erste Fähigkeit lernen sollte, gemeinsam mit anderen Kindern am Tisch zu essen. Diese Fähigkeit war für ihn eine so große Aufgabe, dass die Erzieherinnen sie in kleinere Schritte aufteilten, wobei er als ersten Schritt lernen sollte, mit den anderen Kindern einfach nur den Tisch zu decken. Das lernte er schnell und erntete dafür eine Menge Lob von den Erzieherinnen und seinen Eltern. Als Nächstes lernte er, sich während des Mittagessens mit den anderen Kindern an den Tisch zu setzen, ohne etwas anrühren zu müssen. Als er diese Fähigkeit beherrschte, nahm er sich was auf seinen Teller, ohne es essen zu müssen. Auf diese Weise kam er Schritt für Schritt voran, bis er schließlich so weit war, dass er gemeinsam mit den anderen essen konnte.

Als das Essproblem mithilfe des Fähigkeitsansatzes überwunden war, sprachen Jaspers Eltern mit der Logopädin über das Toilettenverhalten. Gemeinsam redeten sie mit dem Jungen und schlugen ihm vor, dass er lernen sollte, regelmäßig auf die Toilette zu gehen. Jasper war einverstanden. Er verstand, dass dies nicht nur seine Eltern freuen würde, sondern ihn auch von seinen Bauchschmerzen befreien würde und er im Kindergarten dann besser gelaunt wäre.

Auf die Frage, wer ihn unterstützen sollte, nannte er seine Eltern, die Großmutter und seine Logopädin. Als Krafttier wünschte er sich seine Lieblings-Lego-Figur. Die Mutter versprach ihm, diese Figur zu kaufen, wenn er gelernt habe, regelmäßig auf die Toilette zu gehen.

Jasper übte seine Fähigkeit, indem er jeden Tag eine Zeit lang auf der Toilette saß. Seine Mutter blieb in seiner Nähe, sprach ihm Mut zu und lobte ihn – unabhängig davon, ob er sein großes Geschäft machte oder nicht. Innerhalb weniger Wochen hatte er es sich angewöhnt, immer die Toilette zu benutzen. Die Mutter kaufte ihm wie versprochen die Lego-Figur und Jasper präsentierte sie freudestrahlend seinen anderen Helfern. Er war so stolz auf seine neu erworbene Fähigkeit, dass er sie auch anderen beibringen wollte.

»Schau mal, du kannst auch so eine coole Figur bekommen, wenn du lernst, aufs Klo zu gehen«, erklärte er seiner 2-jährigen Cousine, als sie mit ihren Eltern zu Besuch war.

Einnässen am Tag, 6-jähriger Junge

OLE machte fast täglich in die Hose. Er war so quirlig, dass er es schlichtweg nicht schaffte, rechtzeitig zum Pinkeln auf die Toilette zu gehen. Sein Zwillingsbruder Lasse machte sich über ihn und sein Problem lustig, er nannte ihn »Pipi-Ole«.

Oles Eltern schlugen ihm vor, er solle die Fähigkeit erlernen, Spielpausen einzulegen, um zum Pinkeln aufs Klo zu gehen. Da Ole und

Lasse so gut wie ständig zusammen waren, arbeiteten die Eltern gemeinsam mit ihnen einen Plan aus, der vorsah, dass die Jungs diese Pausen gleichzeitig machten. Ole würde dabei lernen, auf die Toilette zu gehen, und Lasse müsste nicht mehr den lästigen Pipi-Geruch ertragen.

Beide Jungen wollten der Fähigkeit einen Namen geben. Ole nannte sie »PP – Pipi-Pause«, und Lasse bezeichnete sie als »Wunderbaum«, wie die beliebten Lufterfrischer fürs Auto. Oles Helfer waren seine Eltern, Lasse sowie der große Bruder (zu dem die Zwillinge bewundernd aufschauten), außerdem die Großeltern und Tante Anna mit ihren beiden Töchtern, die ein paar Jahre älter als die Zwillinge waren. Als Kraftfigur wünschte er sich Spiderman, denn er war ein großer Fan und liebte sein Spiderman-Kostüm über alles. Es sollte eine Kostümparty geben, wenn er seine Fähigkeit beherrschen würde. Beide Jungs planten mit Begeisterung und wollten sich bei der Feier als Spiderman verkleiden.

Ole übte fleißig mit Lasses Hilfe und der Unterstützung durch seinen großen Bruder. Er brachte das Thema oft beim Frühstück zur Sprache und schlug vor, dass Lasse und er gemeinsam Anzahl und Uhrzeit der Pausen im Tagesverlauf festlegen. Tante Anna bastelte Ole ein »PP«-Poster, auf das er jeden Abend einen Stern kleben durfte, wenn er an diesem Tag seine Fähigkeit geübt hatte, Pipi-Pausen einzulegen. Er bekam die Aufkleber für das Üben seiner Fähigkeit, also das Einhalten von Pausen – unabhängig davon, ob er an diesem Tag in die Hose gemacht hatte oder nicht.

Es dauerte nur zwei Wochen, bis er gelernt hatte, das Spielen zu unterbrechen und auf die Toilette zu gehen, statt in die Hose zu machen, und es schaffte, mehrere Tage am Stück den ganzen Tag lang trocken zu bleiben. Zur Feier kamen Oles Helfer alle verkleidet – sogar sein Opa, der alle mit einem Hasenkostüm überraschte. Tante Anna hatte einen Spiderman-Kuchen gebacken, und der große Bruder nahm Ole zu einer Spritztour mit auf sein neues Motorrad.

Widerstand gegen ein Hörgerät, 7-jähriger Junge

JONAS hatte wegen einer leichten Hörbehinderung vor Kurzem Hörgeräte bekommen, die er in der Schule tragen sollte. Dummerweise nahm er aber die Hörgeräte während der Schule immer wieder raus. Das war ungünstig, denn man muss sie den ganzen Tag über im Ohr haben, um sich daran zu gewöhnen. Ohne Hörgeräte konnte Jonas seinen Lehrer nicht verstehen, wurde unruhig und störte den Unterricht.

Auf die Frage, warum er die Geräte immer wieder abnahm, sagte er: »Weiß ich nicht. Ich kann es nicht ändern. Es passiert einfach so.« Jonas' Audiologe beschloss, ihm mithilfe des Kompetenzansatzes zu helfen, damit er es schaffen würde, seine Hörgeräte den ganzen Tag zu tragen.

Bei einem Treffen mit Jonas und seinen Eltern erkundigte sich der Audiologe zunächst danach, was für Stärken und Hobbys der Junge hatte. Er war ein geschickter Fußballspieler und kannte sich in Sachen Fußball bestens aus. Er konnte z. B. alle Spieler des FC Barcelona aufsagen. Als der Audiologe ihn fragte, welche Fähigkeit er noch verbessern müsse, sagte Jonas, er wolle lernen, seine Hörgeräte den ganzen Tag drinzulassen. Er wusste, dass dies eine wichtige Fähigkeit für ihn war, die er lernen musste. Wenn er seine Hörgeräte den ganzen Tag anbehalten würde, könnte er verstehen, was seine Lehrer sagen, seine Noten würden sich wahrscheinlich verbessern und er müsste im Unterricht nicht immer in der ersten Reihe sitzen.

»Lass uns deiner Fähigkeit einen Namen geben«, sagte der Audiologe. »Wie willst du sie nennen?«

Es war keine Überraschung, dass Jonas seine Fähigkeit nach dem Fußball-Star »Messi« benennen wollte. Als Helfer wünschte er sich seine Eltern, den Sportlehrer und einen seiner Klassenkameraden. Seine Kraftfigur war Superman – der habe ein Supergehör und könne die Hilfeschreie von Menschen aus der Ferne hören.

Der Audiologe stellte Jonas eine besondere Urkunde in Aussicht, wenn er seine Messi-Fähigkeit beherrscht. Aber Jonas hatte gar nichts für Urkunden übrig. Stattdessen wollte er lieber eine Art Trophäe haben – so, wie sie die Siegermannschaft bei der Fußball-WM bekommt. Seine Eltern versprachen, ihm einen Pokal aus Pappmaschee zu basteln.

»Wie sollen dich deine Klassenkameraden und dein Lehrer darauf aufmerksam machen, wenn sie sehen, dass du die Hörgeräte rausnimmst?«, fragte der Audiologe.

Jonas wünschte sich, dass sie es ganz diskret machen, indem sie ihm das Wort »Messi« zuflüstern.

Nach dem Treffen kauften Jonas' Eltern ihm eine Superman-Baseballmütze. Jonas liebte diese Mütze und zog sie jeden Tag in die Schule an. Die Eltern schenkten ihm auch ein Notizbuch, in dem er seine Fortschritte festhalten konnte, sodass sie ihn jedes Mal loben konnten, wenn er es schaffte, seinen bisherigen Rekord im Tragen der Hörgeräte zu brechen.

Die Klassenkameraden sprachen ihn in der Schule auf seine Superman-Mütze an. Er erklärte ihnen, dass er sie von seinen Eltern als Erinnerung daran bekommen hatte, dass er seine Hörgeräte in der Schule tragen sollte. Dies nahm seinen Mitschülern die Hemmung, ihn über seine Hörprobleme auszufragen. Da er nicht alle Fragen beantworten konnte, hatten seine Eltern einen Vorschlag: Er sollte mit dem Lehrer besprechen, ob er in der Klasse ein Referat über seine Hörschwäche halten könne. Den Audiologen bat er, ihn zu begleiten, und gemeinsam sprachen sie vor der Klasse. Die Klassenkameraden hörten aufmerksam zu und waren alle bereit, ihn dabei zu unterstützen, dass er seine Hörgeräte im Unterricht anbehielt. Der Audiologe brachte ein spezielles Headset mit, das alle Schüler mal ausprobieren konnten, um ein Gefühl dafür zu bekommen, wie es sich anfühlt, mit einem Hörgerät zu hören.

Ein paar Wochen später war klar, dass Jonas die Messi-Fähigkeit beherrschte, und er konnte endlich seinen Erfolg feiern.

Angst vor Hunden, 7-jähriger Junge

SASCHA hatte so große Angst vor Hunden, dass er Geburtstagseinladungen seiner Klassenkameraden ausschlagen musste, wenn die Familie einen Hund besaß. Saschas Mutter war mit dem Fähigkeitsdenken vertraut und schlug ihm vor, dass er vielleicht versuchen sollte, seine Angst vor Hunden damit zu überwinden.
Der Junge war sofort dafür zu haben. Er verstand, dass er zu den Kindergeburtstagen seiner Freunde gehen könnte, wenn er seine Angst überwinden würde, und dass er bei Besuchen im Haus seiner Tante auch mit seinen Cousins spielen könnte, die zwei kleine Hunde besaßen.

»Welche Fähigkeit müsstest du lernen, um deine Angst vor Hunden zu besiegen?«, fragte seine Mutter.

»Ich müsste lernen, Hunde an mich ranzulassen und sie an mir schnuppern zu lassen«, antwortete Sascha. Seine Mutter war beeindruckt. Die Antwort bestätigte offensichtlich die Behauptung, dass es für Kinder etwas ganz Selbstverständliches ist, Herausforderungen in Fähigkeiten umzuwandeln.

Als Helfer wünschte Sascha sich seine Mutter, seinen Vater, die Großmutter und die beiden Nachbarsmädchen von gegenüber, mit denen er oft spielte. Er nannte seine Fähigkeit »Schnupper-Schnauze«. Als seine Mutter ihn fragte, wie er feiern wolle, wenn er die Fähigkeit gelernt habe, sagte er, er wolle all seine Helfer zu einer Party einladen, bei der es sein Lieblingsessen – Omas Karottenkuchen – geben solle.

Am nächsten Tag sah er am Fenster, dass einer der Nachbarn mit seinem Hund vor dem Haus spazieren ging. »Komm, lass uns rausgehen!«, sagte er zu seiner Mutter.

»Wohin sollen wir denn gehen?«, fragte sie.

»Der Nachbar geht mit seinem Hund spazieren. Ich will hingehen, um meine Fähigkeit zu üben.«

Sie gingen gemeinsam vors Haus und begrüßten den Hund und seinen Besitzer. Sascha hockte sich hin, hielt sich die Hände vors Gesicht und ließ sich eine Weile von dem Hund beschnuppern.

»Du hast es geschafft. Gut gemacht, Sascha!«, sagte seine Mutter voller Bewunderung, als er aufstand und der Hund mit seinem Herrchen weiterlief.

»Ja, ich weiß«, sagte Sascha ganz stolz und bat: »Können wir gleich die Oma anrufen und ihr erzählen, was ich geschafft hab?«

Nachdem er einige Wochen lang bei verschiedenen Gelegenheiten geübt hatte, war er in der neuen Fertigkeit so gut geworden, dass er seine Angst vor Hunden ganz überwunden hatte. Eines Tages, ein oder zwei Wochen nach der Feier, bemerkte seine Mutter aus dem Augenwinkel, dass Sascha seinem kleinen 3-jährigen Bruder mithilfe eines Kuscheltiers die neu erlernte Fähigkeit beibrachte.

»Tu so, als wär das ein Hund«, erklärte er seinem Bruder, »und lass dich von ihm beschnuppern. Du brauchst keine Angst haben. So kannst du dich an ihn gewöhnen und brauchst dich nicht fürchten.«

Die Mutter amüsierte sich über Saschas Eifer, die neue Fähigkeit an den Bruder weiterzugeben, der noch nie Angst vor Hunden gehabt hatte ...

Nägelkauen, 7-jähriger Junge

Eine Mutter war von dem Fähigkeitsansatz begeistert und wollte ihn mit ihrem Sohn **DAVID** ausprobieren. Sie erzählte ihm von der Idee, Herausforderungen durch das Erlernen von Fähigkeiten zu bewältigen, und fragte ihn, ob er irgendein Problem habe, das er mit dieser Methode lösen wolle.

»Ich hab keine Probleme«, sagte David.

»Du brauchst auch gar keine Probleme zu haben«, erklärte seine Mutter. »Wir müssen nur eine Fähigkeit für dich finden, die du lernen kannst.«

»Okay«, sagte David, »dann würde ich gerne lernen, nicht mehr an meinen Nägeln zu kauen.«

»Gute Idee, David«, sagte seine Mutter, »aber welche Fähigkeit musst du deiner Meinung nach lernen, damit du aufhörst, an den Nägeln zu kauen?«

Sie dachten darüber nach und kamen zu dem Schluss, dass die nötige Fähigkeit darin besteht, »die Nägel gut zu pflegen«.

»Willst du ein Krafttier haben, das dir hilft, deine Nägel gut zu pflegen?«, fragte die Mutter. In Davids Augen blitzte Begeisterung auf. Er überlegte und entschied sich schließlich für ein Chamäleon. Es war eine Zeichentrickfigur aus einem seiner Lieblingsbilderbücher. Er malte ein Chamäleon und entschied sich währenddessen für den Namen der Fähigkeit: »Flick« – so hieß das Tier in dem Buch.

Als seine Mutter ihn fragte, wie er das Beherrschen dieser Fähigkeit feiern wolle, musste er nicht lange überlegen. Er wollte ein kleines Fest zu Hause organisieren, alle seine Helfer und auch seine Tante und seinen Onkel einladen. Er wollte, dass es Kuchen gibt und alle ein Brettspiel spielen.

Als Helfer wünschte er sich seine Mutter, seinen Vater, die Großeltern und beide Brüder. Zusammen mit seiner Mutter schrieb er einen Brief an alle Unterstützer. Darin stand: »Lieber Helfer, du kannst mir helfen zu lernen, dass ich meine Nägel gut pflege. Wenn du siehst, dass ich das manchmal vergesse, kannst du ›Flick‹ zu mir sagen. Wenn ich gelernt habe, meine Nägel gut zu pflegen, werde ich dich zu einem Fest einladen. Hoffentlich kannst du kommen!«

»Ich frage mich, ob wir eine gute Art finden, wie du diese Fähigkeit üben kannst«, sagte die Mutter. »Was kannst du tun, um zu lernen, wie du deine Nägel gut pflegst?«

David erklärte, dass die schwierigsten Situationen für ihn die waren, in denen er etwas unter Zeitdruck erledigen musste; z. B. wenn er eine Reihe von Rechenaufgaben in fünf Minuten lösen sollte. Aus dieser Beobachtung entwickelten die beiden eine Übung. Die Mutter gab ihm eine Aufgabe, die er innerhalb einer bestimmten Zeit lösen sollte, ohne an seinen Nägeln zu kauen. Sie filmte das mit ihrem Smartphone. Beim Anschauen des Videos wurde deutlich, dass David große Mühe hatte, seine Fähigkeit beim Rechnen einzusetzen. Obwohl er ein paar Mal seine Finger zum Mund führte, gelang es ihm aber, nicht an den Nägeln zu kauen.

David beschloss, seine Fähigkeit zu trainieren, indem er die auf dem Video aufgezeichnete Übung täglich wiederholte. Er nahm sich vor, in seinem Zimmer ein Chamäleonbild neben den Schreibtisch zu hängen, damit er durch einen gelegentlichen Blick auf das Bild an seinen Vorsatz dachte. Für die Schule zeichnete er ein kleines Chamäleon, das er in seinem Federmäppchen aufbewahrte und während des Unterrichts auf den Tisch legte, um an sein Projekt zu denken. Außerdem half seine Mutter ihm dabei, ein passendes Plakat zu gestalten. In der Mitte des Plakats war eine Schatztruhe abgebildet. Wenn die Mutter Davids Nägel schnitt, sollten sie gesammelt und in die Schatztruhe auf dem Plakat geklebt werden.

Als die beiden dem Rest der Familie von ihrem Plan erzählten und ihnen den Brief überreichten, den sie verfasst hatten, erklärten sich alle bereit, David zu unterstützen. Tatsächlich waren sie so beeindruckt von dem Plan, dass auch sie begannen, über Stärken zu sprechen, die sie sich selbst vielleicht zulegen müssten, und über mögliche Krafttiere, die ihnen beim Üben helfen könnten.

Als David eine Woche später schaute, wie weit er mit seinem Nagelprojekt gekommen war, präsentierte er seiner Mutter stolz die Hände: Es war ihm gelungen, vier Nägel wachsen zu lassen! David erlaubte seiner Mutter, die vier Nägel mit einer Nagelschere zu schneiden. Die abgeschnittenen Nägel klebte sie wie geplant in die Schatztruhe auf dem Poster.

»Du hast es geschafft, vier Nägel wachsen zu lassen«, sagte seine Mutter, »und ich bin sicher, dass es dir gelingen wird, noch mehr wachsen zu lassen. Was sagst du dazu? Glaubst du auch, dass du es schaffen kannst?«

»Ich kann das schaffen, weil ich schlau bin und viel Fantasie hab«, sagte David.

Die geplante Feier fand statt, als seine Mutter Davids Nägel dreimal geschnitten hatte. Auf die Frage, welche Fähigkeit er als nächste lernen wollte, erwähnte er seine Angewohnheit, Haare um seinen Finger zu wickeln, während er sich voll und ganz auf etwas konzentrieren musste. Wegen dieser Macke hatte er auf der einen Seite eine Stelle am Kopf, die fast schon kahl war. Er war entschlossen, sich dies mit der gleichen Methode abzugewöhnen, mit der er schon das Nägelkauen losgeworden war.

Geringes Selbstbewusstsein, 8-jähriges Mädchen

AMANDA litt unter einem sehr geringen Selbstwertgefühl. Sie konnte nichts Gutes an sich sehen und war überzeugt, dass sie es nie zu etwas bringen würde. In den Pausen motzte sie andere Schüler an, sparte nicht mit Schimpfworten und geriet ständig in Streit. Ihre Eltern und Lehrer hatten viele Versuche unternommen, mit ihr über dieses Verhalten zu sprechen, aber bis jetzt hatte nichts geholfen. Sie hatte auch Tadel einstecken müssen und war für ihr rabiates Verhalten gegenüber den Mitschülern bestraft worden, aber diese Konsequenzen zeigten keinerlei Wirkung.

Amandas Klassenlehrerin interessierte sich für den Ansatz des Fähigkeitsdenkens und wollte dies bei Amanda ausprobieren. Sie bat sie um ein persönliches Gespräch nach dem Unterricht.

»Amanda, ich möchte, dass du eine Fähigkeit erlernst, von der ich glaube, dass sie wichtig für dich ist«, sagte sie. Amanda hörte zu. »Ich möchte, dass du anfängst, auf die Dinge zu achten, die du tust und bei denen es gut gelaufen ist. Ich werde dir dieses Tagebuch geben und ich möchte, dass du jeden Tag etwas hineinschreibst. Ich möchte, dass du jeden Tag eine Sache aufschreibst – auch wenn sie noch so klein ist –, die du getan hast, die gut war und dir gelungen ist.«

Die Lehrerin war sich nicht sicher, ob Amanda verstand, was genau sie lernen sollte, aber es gelang ihr, das Mädchen dazu zu bringen, der Fähigkeit, auf ihre kleinen Erfolge zu achten, einen Namen zu geben: Sie sollte »Prinzessinnen-Fähigkeit« heißen. Amanda schwärmte für bestimmte Teenager-Stars, Prinzessinnen und so ziemlich alles, was hübsch und mädchenhaft war.

Das Üben der Prinzessinnen-Fähigkeit erwies sich als große Herausforderung. Am nächsten Tag verabredete sich die Lehrerin am Ende des Schultages mit Amanda, um zu sehen, was sie in ihr Tagebuch geschrieben hatte. Aber Amanda hatte keinerlei Erfolgserlebnisse benennen können. Die Lehrerin erkannte, dass sie ihr eine zu schwierige Aufgabe gestellt hatte und dass das Mädchen Hilfe brauchte, um dieses Vorhaben zu meistern. Die beiden setzten sich zusammen, um den Tag Revue passieren zu lassen und ein paar Dinge herauszupicken, die als kleine Erfolge gelten konnten. Das Gleiche geschah am nächsten Tag. Amanda selbst konnte nichts Positives sehen und die Tagebuchseite für diesen Tag blieb leer. Wieder half die Lehrerin ihr, sich den Tag noch mal vor Augen zu führen und etwas zu finden, das sie in ihr Buch schreiben konnte. Es dauerte eine ganze Woche, bis Amanda den Dreh raushatte und es endlich schaffte, selbstständig etwas in ihr Tagebuch einzutragen, ohne dass die Lehrerin ihr half.

Amanda arbeitete mit der Unterstützung ihrer Lehrerin noch drei Wochen lang an ihrem Prinzessinnen-Tagebuch. Sie verzierte ihr Tagebuch mit den Aufklebern, die sie von der Lehrerin jedes Mal geschenkt bekam, wenn sie es schaffte, ein paar Zeilen darüber reinzuschreiben, was ihr gelungen war. Sie machte nur langsam Fortschritte, aber schon bald nach Beginn des Projekts erfuhr die Lehrerin von einigen Mitschülern, dass sie eine Veränderung in Amandas Verhalten beobachteten. Demzufolge lächelte sie in den Pausen durchaus auch mal, und die gefürchteten Schimpftiraden wurden immer seltener. Einige Wochen später waren sich alle einig, dass Amanda die Prinzessinnen-Fähigkeit besaß.

Als Amandas Lehrerin sie später fragte, ob sie sich noch eine weitere Fähigkeit vornehmen wolle, sagte sie, sie wolle lernen, ihren Mitschülern Komplimente zu machen und der Lehrerin nette Dinge über sie zu erzählen. Sie hatte bereits beschlossen, dies die »Königinnen-Fähigkeit« zu nennen.

Als Amanda im darauffolgenden Jahr die Schule wechselte, rief ihre neue Lehrerin die Klassenlehrerin der alten Schule an, um zu erfahren, was Amanda denn wohl meine, wenn sie frage, wann sie mit dem Erlernen einer neuen Fähigkeit beginnen könne. Nach Angaben der Lehrerin hatte sie sogar einen Namen für ihre nächste Fähigkeit genannt – sie sollte »Cindy-Fähigkeit« heißen.

Schimpfwörter, 8-jähriger Junge

ADAM war wegen Aufmerksamkeitsproblemen und schlechter Impulskontrolle an die Familienberatungsstelle überwiesen worden. Dort hatte man ADHS diagnostiziert. In der Schule wurde er unter anderem wegen ständigen Fluchens ermahnt. Adams Mutter machte sich Sorgen über seinen Gebrauch von Schimpfwörtern, aber wenn man mit ihm darüber sprach oder ihn zurechtwies, änderte das nichts an seinem Verhalten. Er litt selbst darunter, dass er so leicht ausfallend wurde, aber er hatte das Gefühl, dass er gar nicht anders konnte.

Die Mutter beschloss, mit der Ergotherapeutin, zu der Adam regelmäßig ging, über seine Flucherei zu sprechen. Diese interessierte sich für den Kompetenzansatz und bot an, Adam behilflich zu sein, seine schlechte Ausdrucksweise abzulegen.

»Welche Ausdrücke könntest du anstelle von Schimpfwörtern verwenden, wenn du wütend wirst?«, fragte sie Adam.

»Ich könnte stattdessen ›Teddy‹ sagen«, schlug er vor.

»Das ist eine tolle Idee«, sagte die Therapeutin. »Du könntest dir angewöhnen, ›Teddy‹ zu sagen, wenn du dich ärgerst.«

Adam liebte Teddybären über alles, und so war es kaum überraschend, dass er sein Vorhaben »Teddybär-Fähigkeit« nennen wollte. Auf die Frage der Therapeutin, was es ihm bringen würde, mit dem Fluchen aufzuhören und die Teddybär-Fähigkeit gut zu beherrschen, sagte er: »Mein Lehrer und meine Mutter wären dann nicht mehr so oft sauer auf mich.«

Als Kraftfigur wünschte er sich einen seiner Lieblingsteddys. »Wie kann dein Teddybär dir helfen, dich daran zu erinnern, ›Teddy‹ zu sagen, anstatt Schimpfwörter zu benutzen?«

Aus dieser Frage ergab sich ein Gespräch, das eine Reihe nützlicher Ideen hervorbrachte. Der Teddybär saß auf Adams Bett, um ihn an seinen Vorsatz zu erinnern, und in der Schule wurde ein ausgeschnittenes Bild eines Teddybären auf sein Pult geklebt.

Neben seiner Therapeutin unterstützten ihn auch seine Mutter, der Lehrer und sein Vater, der in einer anderen Stadt lebte. Auch seine Großmutter war informiert, aber sie konnte nur wenig zur Unterstützung beitragen, da sie weit weg wohnte. Die Therapeutin schlug Adam vor, einige seiner Klassenkameraden als Helfer dazuzubitten, aber er wollte das nicht. Sie vermutete, dass sein

Widerwille, sich mit Freunden zu treffen, ein Zeichen dafür war, dass er sich für seinen schlechten Sprachgebrauch schämte.

Anfangs war Adam sehr motiviert, an seiner Teddybär-Fähigkeit zu arbeiten, und jedes Mal, wenn er es schaffte, keine Schimpfwörter zu benutzen und stattdessen »Teddy« zu sagen, lobten seine Helfer ihn dafür. Er liebte Partys und war ganz Feuer und Flamme, als er erfuhr, dass er seinen Erfolg in irgendeiner Weise würde feiern können, sowie er seine Fähigkeit erlernt hätte. Wenig überraschend stellte er die Feier unter das Motto »Teddybären«. Die Gäste sollten natürlich Gummibärchen bekommen, und sie sollten das Spiel »Bärenschwänzchen« spielen, bei dem die Spieler mit verbundenen Augen versuchten, auf einem Bärenbild den Schwanz an der richtigen Stelle anzubringen.

Dass Adam ganz mit dem Fluchen aufhören würde, schien unrealistisch. Aber das Ziel war, dass er einfach nur deutlich weniger fluchen würde – und dies sollte dann als Erfolg gefeiert werden. Er übte seine Teddybär-Fähigkeit in einem Rollenspiel in der Ergotherapiepraxis und mit seiner Mutter zu Hause. Das Rollenspiel bestand darin, alle möglichen Situationen zu inszenieren, in denen er so tat, als sei er gereizt, und dann statt unschöner Schimpfwörter einfach nur das Wort »Teddy« oder »Teddybär« sagte. Ihm machte das großen Spaß, und so war es nicht schwer, ihn zum Mitspielen zu überreden.

Er erlebte häufig Rückschläge, aber das Fähigkeitsdenken erleichterte es seinen Helfern, anders mit ihm umzugehen. Wenn er seine neue Fähigkeit zu Hause vergaß und wieder laut zu fluchen begann, erinnerte ihn seine Mutter an die Teddybär-Fähigkeit, indem sie ihm seine Kraftfigur vor die Nase hielt. In der Schule erfüllte das Bild des Teddys eine ähnliche Funktion – auf diese Weise musste seine Lehrerin nichts sagen, sondern konnte einfach nur auf das Bild zeigen.

Allmählich ließ Adams Flucherei nach, sodass die geplante Feier stattfinden konnte. Er hatte inzwischen auch eine stattliche Sammlung von Teddybär-Aufklebern, die seine Mutter ihm jedes Mal geschenkt hatte, wenn es ihm gelang, ein Schimpfwort durch »Teddybär« zu ersetzen. Das Fest war ein voller Erfolg. Nach dem Kuchenessen bedankte sich Adam sowohl bei seiner Mutter als auch bei der Ergotherapeutin für ihre Unterstützung. Als die Therapeutin ihn fragte, welche Fähigkeit er als nächste lernen wolle, erklärte er ihr, dass seine Mutter die schlechte Angewohnheit habe, andere Autofahrer im Straßenverkehr als Idioten zu beschimpfen, und schlug vor, dass seine Mutter sich die Fähigkeit zulegen solle, das Wort »Idiot« durch »Würstchen« zu ersetzen. Die Mutter war einverstanden, und er versprach ihr, sie daran zu erinnern, dass sie im Straßenverkehr »Würstchen« statt »Idiot« sagen sollte.

Die Mutter ihrerseits erzählte der Therapeutin, dass Adam nachts regelmäßig aufwache und in ihr Bett krieche, was für sie ein Problem war, denn sie wachte dann immer auf und konnte oft nicht wieder einschlafen. Adam sah ein, dass sie ihren Schlaf brauchte, war aber dennoch nicht begeistert, dass er lernen sollte, die Nacht in seinem eigenen Bett zu bleiben. Er war jedoch für den Kompromiss zu haben, dass er sich angewöhnt, sich auf eine Matratze im Schlafzimmer seiner Mutter zu legen und dort weiterzuschlafen, anstatt in ihr Bett zu kriechen.

Konzentrationsschwierigkeiten, 9-jähriger Junge

TOM war wegen seiner Impulsivität in eine kleine Sonderklasse versetzt worden. Er hatte die schlechte Angewohnheit, laut herauszukrakeelen, was ihm gerade in den Sinn kam. Und wenn er erst mal zu sprechen begonnen hatte, war er kaum noch zu stoppen. Seine Art der Kommunikation war für die anderen Schüler störend und führte immer wieder zu Auseinandersetzungen mit seinen Klassenkameraden.

Eine weitere Herausforderung für Tom war, dass es ihm sehr schwerfiel, seiner Lehrerin konzentriert zuzuhören. In seinem Kopf schwirrten so viele Gedanken herum, dass er oft nicht mitbekam, was die Lehrerin gerade gesagt hatte. Wenn sie oder ihr Assistent versuchten herauszufinden, ob Tom die Anweisung wahrgenommen hatte, reagierte er oft gereizt und begann, die Erwachsenen zu beschuldigen, sie würden ihn schikanieren.

Tom hatte noch ein drittes Problem: Er duldete nicht, dass Lehrer ihm bei seinen Aufgaben halfen. Wenn sie es versuchten, begann er zu motzen und wurde unverschämt. Es reichte schon, dass ein Erwachsener auch nur in der Nähe stand und ihn bei der Bearbeitung seiner Aufgabe beobachtete – schon war er gereizt. Er selbst hatte das Gefühl, dass er überhaupt keine Hilfe nötig hatte.

Alle Schüler der Sonderklasse lernten unter Anleitung der Lehrerin bestimmte Fertigkeiten – Toms erstes Projekt hieß »Notizen sammeln«. Diese Fertigkeit sollte ihm helfen, sich abzugewöhnen, dass er im Unterricht immer laut herumplapperte. Folgendes schrieb er über das Notizensammeln in sein Heft:

»Wenn mir im Unterricht was Wichtiges einfällt, das ich der Lehrerin sofort sagen will, sage ich es nicht, sondern schreibe es auf einen Notizblock, der auf meinem Tisch liegt. Nach der Stunde kann ich dann zur Lehrerin gehen und ihr sagen, was mir eingefallen war. Selbst wenn ich nicht immer sofort sagen kann, was ich im Kopf hab, werde ich nicht nervös, denn der Zettel hilft mir, mich an das zu erinnern, was ich sagen wollte. Ich hab mich gewundert, wie viele Sachen ich aufgeschrieben habe. Meine Mitschüler sagen, dass meine neue Fähigkeit auf die ganze Klasse beruhigend wirkt, weil die Dinge, die ich sage, meist eher mit Elektronik und Schaltkreisen zu tun haben als mit dem Unterrichtsstoff. Außerdem kann ich mich jetzt im Unterricht besser konzentrieren, weil ich die Sachen, die mir durch den Kopf gehen, zur Seite schieben kann. Mir ist aufgefallen, dass ich nicht immer nach der Stunde zur Lehrerin gehen muss, um ihr zu erzählen, was ich mir notiert habe. Es hat mir manchmal schon gereicht, meine Gedanken für mich selbst aufzuschreiben. Es hat mir auch Spaß gemacht, meine Notizen hinterher zu lesen.«

Toms zweite Fähigkeit bezog sich auf seine Schwierigkeiten, sich auf die Ansagen seiner Lehrerin zu konzentrieren. Er nannte dies »die Roboterfähigkeit«. Er meinte damit, dass die Lehrerin, nachdem sie in der Klasse etwas angesagt hatte, sich an Tom wenden und ihn fragen sollte, ob er die Anweisung gehört und verstanden habe. Wenn ja, antwortete er der Lehrerin mit der Stimme eines Roboters: »Befehl gespeichert!« Wie man sich denken kann, interessierte sich Tom sehr für Roboter, und das Sprechen in einem roboterhaften Tonfall machte ihm so viel Spaß, dass er sich immer schon darauf freute, wenn die Lehrerin in der Klasse etwas anzusagen hatte.

Toms dritte Fähigkeit hieß »Helfen oder Nichthelfen«. Sie hatte mit seinen Schwierigkeiten zu tun, von Erwachsenen Hilfe anzunehmen. Gemeinsam mit seiner Lehrerin fand er einen Weg, diese Fähigkeit zu üben. Er laminierte eine Karte, die auf einer Seite orange und auf der anderen Seite grün war. Auf die orangefarbene

Seite hatte er in großer Schrift »Bitte helfen!« geschrieben und auf die grüne »Danke, ich brauche im Moment keine Hilfe«.

An der Farbe der Karte konnten die Lehrer schon von Weitem sehen, wann Tom Hilfe brauchte und wann nicht. Auf diese Weise musste niemand bei ihm vorbeigehen, um zu schauen, wie er seine Aufgaben bewältigte. Mithilfe der Karte lernte er, in angemessener und akzeptabler Weise um Hilfe zu bitten bzw. Hilfe abzulehnen.

Tom entwickelte im Laufe des Schuljahres viele Stärken. Am Ende des folgenden Jahres hatte er so große Fortschritte gemacht, dass er von der Sonderschulklasse in eine reguläre Klasse zurück konnte.

Wutanfälle, 9-jähriger Junge

MARCO neigte zu Wutausbrüchen. Er hatte die Angewohnheit, auf Enttäuschungen so emotional zu reagieren, dass es in keinem Verhältnis zu dem jeweiligen Ereignis stand. Selbst kleinere Frustrationen und alltägliche Herausforderungen in der Schule waren für ihn überwältigend und reichten, um ihn ausrasten zu lassen.

Marcos Lehrerin führte mit ihm ein Gespräch und fragte ihn, welche Fähigkeit er lernen müsse, um sich in der Schule wohler zu fühlen. Marco erklärte, er wolle »aufhören, sich so aufzuregen und rumzuheulen.« Er sagte, dass ihn die Heulerei fertigmache und er sich dann unfähig fühle, etwas an der Situation zu ändern.

»Marco, was müsstest du lernen, damit du nicht mehr frustriert bist und weinst? Was musst du stattdessen lernen, um mit Situationen klarzukommen, die für dich schwierig sind?«, fragte die Lehrerin. Das war für Marco keineswegs leicht zu beantworten, aber nach einer Weile kam er mit ein bisschen Hilfe seiner Lehrerin zu dem Schluss, dass er lernen müsste, »um Hilfe zu bitten«, wenn er in Schwierigkeiten war. Dazu musste er lernen, die Hand zu heben, um der Lehrerin zu signalisieren, dass er Hilfe braucht.

»Ich finde, das ist eine wirklich gute Idee, Marco. Du wirst sicher davon profitieren, wenn du das lernst. Und wie willst es nennen? Wie sollen wir die Fähigkeit nennen, die du lernen musst?«

»Die helfende Hand«, sagte Marco.

»Das passt gut!«, sagte die Lehrerin. »Mit der Fähigkeit der helfenden Hand wirst du deine Ausraster umwandeln in eine Situation, in der jemand dich sozusagen an die Hand nimmt und dich unterstützt. Vielleicht solltest du dir auch irgendeinen Superhelden aussuchen, der dir beim Üben der Fähigkeit hilft und der dich daran erinnert, wenn dir eigentlich nach Heulen und Schreien zumute ist.«

Marco fand die Idee spannend. Er suchte aus seinem Lieblingscomputerspiel einen Superhelden aus, der immer cool und gelassen war. Am Computer erstellte er mit viel Geschick ein Bild von diesem stolzen Helden mit erhobener Hand. Er klebte das Bild auf seinen Schreibtisch, damit sein Idol ihn unterstützen und an die neue Fähigkeit erinnern konnte.

Dieser Superheld war bestimmt hilfreich für ihn, aber noch nützlicher war die Unterstützung, die er von seinen Mitschülern erfuhr – alle in der Klasse halfen ihm mit Begeisterung. Sie wussten, dass es für Marco schwierig war, seine Gefühle zu kontrollieren, und verstanden, dass er tatsächlich davon profitieren könnte, wenn er sich die »helfende Hand« zulegt – bzw. die Fähigkeit, um Hilfe zu bitten, wenn er sich überfordert fühlte.

Es dauerte eine Weile, bis Marco in den entsprechenden Situationen auch wirklich daran dachte, die Fähigkeit der helfenden Hand einzusetzen, jedoch machte er langsam, aber stetig Fortschritte. Er selbst kam auf die Idee, sich im Klassenzimmer in die Nähe der Lehrerin zu setzen, damit es für ihn einfacher war, sie bei Bedarf um Hilfe zu bitten. Allmählich erkannte er auch, dass er Dinge tun konnte, ohne in Geschrei und Heulen auszubrechen, selbst wenn er mit der Aufgabe überfordert war. Stattdessen konnte er sich per Handzeichen melden und um Hilfe bitten. Vor allem brauchte er sich nicht mehr wegen seiner extremen Überempfindlichkeit ausgegrenzt zu fühlen. Er war jetzt in einem Netzwerk von Menschen, die ihn unterstützen wollten.

Marco erkannte, dass es gut funktionierte, wenn er per Handzeichen um Hilfe bat, und die Lehrerin konnte sehen, dass er jedes Mal stolz und glücklich war, wenn ihm dies gelang. Sein Selbstvertrauen stieg so weit, dass er zum ersten Mal begann, seine Arbeitsblätter selbst auszuschneiden und einzukleben und im Unterricht mit seinen eigenen Büchern zu arbeiten. Zur Feier seines Erfolgs wollte Marco mit der Klasse einen Film angucken.

Die Lehrerin unterstützte seine Entwicklung nicht nur dadurch, dass sie sofort auf ihn einging, wenn er sich meldete und um Hilfe bat; sie machte auch Fotos von seinen Leistungen und überraschte die Eltern damit, dass sie ihnen die Bilder per E-Mail schickte.

Zum jetzigen Zeitpunkt ist dieses Projekt, von dem ich hier berichte, noch nicht abgeschlossen. Die Lehrerin sagt, sie sei stolz auf Marcos Fortschritte. Sie erinnert ihn täglich daran, wie wichtig es ist, seine Fähigkeit weiterzuüben, und ist zuversichtlich, dass die Zeit kommen wird, in der Marco noch weitere Fähigkeiten erlernen kann, die ihm in seinem Leben nützen werden.

Rivalität unter Geschwistern, 11-jähriges Mädchen

Eine sehr enge Freundin bat mich, mit der jüngsten ihrer vier Töchter zu sprechen – mit **DIANA,** einem hübschen 11-jährigen Mädchen. Die Mutter erklärte mir, dass sie sich Sorgen um Diana mache, weil diese ständig mit ihrer zwei Jahre älteren Schwester stritt. Meist waren es verbale Streitigkeiten, aber es gab auch Vorfälle, bei denen sie ihre Schwester geschlagen hatte. Die beiden ältesten Schwestern, die bereits aus dem Hause waren, kamen zu Weihnachten nur ungern zu Besuch, weil sie Dianas Aggressivität hassten und sich nicht anders zu helfen wussten, als ihre kleine Schwester anzuschreien, wenn sie sich wieder danebenbenahm.

Ich unterhielt mich mit Diana bei ihr zu Hause. Zu Beginn unseres Gesprächs ging es um ganz alltägliche Dinge wie Schule und Freunde. Ich fragte sie nach den Weihnachtsplänen und ob sie glaube, dass ihre älteren Schwestern über die Feiertage nach Hause kommen würden. Sie freute sich sehr darauf, sie wiederzusehen und in die Arme schließen zu können. Dann fragte ich sie nach ihrer zwei Jahre älteren Schwester. Diana sagte, das sei ihre Lieblingsschwester, sie habe sie sehr gern und spiele am liebsten mit ihr.

»Und wie sieht das deine Schwester? Würde sie dir zustimmen?«, fragte ich sie.

»Wahrscheinlich nicht.«

»Wie kommt das?«, fragte ich.

»Weil sie denkt, dass ich sie nicht mag.«

»Warum denn das?«

»Weil ich mich die ganze Zeit mit ihr streite.«

»Du streitest mit ihr? Versteh ich nicht – du hast doch gerade gesagt, dass sie deine Lieblingsschwester ist.«

»Ich streite mit ihr, weil sie immer irgendeinen Grund zum Streiten sucht. Sie provoziert mich. Sie ist es, die immer anfängt.«

»Wie fühlst du dich, wenn sie einen Streit anfängt?«

»Ich find das blöd. Sie macht sich über mich lustig. Und wenn ich nicht gleich verstehe, was sie sagt, ist sie gemein zu mir.«

»Und was machst du dann?«

»Ich werde wütend und will mich mit ihr prügeln. Ich habe das Gefühl, dass ich nicht wichtig bin. Ich hasse es, die Jüngste in unserer Familie zu sein!«

»Du hast recht. Du bist die Jüngste, und es kann manchmal schwer sein, die Jüngste zu sein. Aber ich glaube nicht, dass wir das ändern können. Aber gibt es vielleicht irgendwas, das wir ändern könnten, damit du glücklicher wirst?«

»Könntest du ihr sagen, sie soll aufhören, mich zu ärgern?«

»Das kann ich tun, aber glaubst du, dass das was bringt? Glaubst du, sie wird aufhören, dich zu provozieren, wenn ich ihr sage, dass sie damit aufhören soll?«

»Nein, ich glaube, sie wird mich weiter provozieren, auch wenn du ihr sagst, sie soll aufhören. Meine Mutter kann ihr sagen, dass sie aufhören soll, aber das hat sie schon getan, und es hat nichts gebracht.«

»Ich habe eine Idee. Wie wäre es, wenn wir versuchen, eine Fähigkeit zu finden, die du lernen kannst?«

»Was für eine Fähigkeit? Wie ich mich besser mit ihr streiten kann?«

»Nein, das wäre glaube ich keine gute Fähigkeit. Ich glaube, dann hätte deine Mutter nur noch mehr Ärger.«

»Das stimmt. Also, was für eine Art von Fähigkeit meinst du denn?«

»Wie wäre es, wenn du lernen würdest, so zu reagieren, dass du es hinterher nicht bereust? Wenn du lernen würdest, auf ihre ›Fiesheiten‹ anders zu reagieren, indem du sie einfach anlächelst oder etwas Nettes zu ihr sagst? Wenn dir das gelingt, wird es allen besser gehen. Was meinst du dazu?«

»Okay. Das wird ein Spaß! Da werden sich aber alle wundern.«

»Du würdest sicherlich alle verblüffen. Aber diese Fähigkeit ist nicht leicht zu erlernen. Wie könntest du üben, gelassener mit ihr zu sein?«

»Ich muss lernen nachzudenken, bevor ich was sage.«

»Das ist eine kluge Idee: ›Nachdenken, bevor man etwas sagt‹. Worüber sollte man nachdenken, bevor man etwas sagt?«

»Ich muss darüber nachdenken, wie das, was ich sage, auf sie wirkt. Ich muss etwas sagen, das ihr nicht wehtut und sie nicht provoziert.«

»Würdest du sagen, dass die Fähigkeit, die du dir aneignen musst, darin besteht, dass du lernst, rücksichtsvoller zu reagieren? Wäre das richtig?«

»Ja: Lernen, rücksichtsvoller zu reagieren.«

Nachdem wir uns auf die Fähigkeit geeinigt hatten, die sie erlernen sollte, fragte ich sie, was ihr diese Errungenschaft denn bringen würde. Sie konnte mehrere Dinge aufzählen. Sie sagte, sie würde sich dann besser fühlen und wäre nicht mehr so wütend auf ihre Schwestern. Statt sich zu streiten, könnten sie beim Abendessen Späße machen, und ihre älteren Schwestern bräuchten keine Bedenken mehr zu haben, die Familie zu besuchen.

»Wenn ich mit einem Lächeln reagiere und mich nicht aufrege, werden sie bestimmt auch netter zu mir sein«, sagte Diana.

Ich bat sie, ihrer Fähigkeit einen Namen zu geben, aber das lag ihr nicht.

»Ich möchte nicht, dass die Fähigkeit einen besonderen Namen hat«, sagte sie. »Es ist einfach: ›wie man rücksichtsvoll reagiert‹.«

Sie wünschte sich ihre Mutter als Helferin.

»Ich bin sicher, dass sie dich gerne unterstützen wird«, sagte ich. »Sie hat mir erzählt, dass du gut im Lernen bist. Sie erzählte mir, dass du in deinem Karate-Training ein bestimmtes schwieriges Kata schon kannst und dass du die Erste in deiner Gruppe warst, die das gelernt hat.«

Dann fragte ich Diana, wie sie das Erlernen dieser Fertigkeit feiern wolle. Auch hier winkte sie sofort ab. »Ich will nicht feiern«, sagte sie. »So was muss man nicht feiern.«

»Okay, kein Grund zum Feiern«, sagte ich, »aber wie wäre es, wenn wir uns das nächste Mal treffen, wenn du mit deiner Fähigkeit weitergekommen bist, und wir gehen eine heiße Schokolade trinken, nur wir beide? Abgemacht?«

»Au ja, das ist eine tolle Idee«, sagte sie. »Ich liebe heiße Schokolade!«

»Wirst du deiner Schwester davon erzählen, welche Fähigkeit du lernen wirst?«, fragte ich Diana.

»Nein, das werd ich nicht. Meine Mama soll es wissen, aber ich will nicht, dass meine Schwester es erfährt. Wenn sie es weiß, wird sie mich nur noch doller ärgern.«

Bevor wir unser vertrauliches Gespräch beendeten, schlug ich Diana vor, mit mir ein paar provozierende Szenarien durchzuspielen, in denen sie mir zeigen musste, wie sie ruhig blieb, mit einem Lächeln reagierte oder etwas Lustiges sagen konnte.

Etwa einen Monat später sahen wir uns wieder, und ich fragte sie, wie es so laufe. Sie erzählte, sie sei glücklich, weil es zwischen ihr und ihren Schwestern nur noch wenig Streit gegeben habe.

»Ich versuche immer, im Voraus daran zu denken, wie gern ich sie mag und wie ich ihnen das am besten zeigen kann.« Ich freute mich sehr über die gute Nachricht und lud sie zu einer schönen heißen Schokolade ein.

Als ich mich einige Zeit später mit der Mutter unterhielt, erzählte sie mir, dass sich Dianas Verhalten deutlich verbessert hatte. Sie hatte gelernt, am Esstisch ruhig zu bleiben, sie machte nur noch Witze, die nicht verletzend waren, und ihre Stimmung zu Hause war insgesamt viel ausgeglichener.

Konzentrationsschwierigkeiten, 12-jähriger Junge

FINN hatte die Diagnose ADHS erhalten. Er störte im Unterricht so sehr, dass seine Lehrerin ihn immer wieder zur Schulleiterin schicken musste. Seine Noten waren trotz seiner Intelligenz schlecht. Die Mutter hatte versucht, ihn zu unterstützen, indem sie ihm abends bei den Hausaufgaben half, manchmal stundenlang. Finn selbst machte sich nicht allzu viele Gedanken über seine Probleme. Er gab zu, dass er mit seiner Hibbeligkeit im Unterricht aneckte, wies aber darauf hin, dass es auch einige Vorteile mit sich brachte. Durch sein hyperaktives Temperament kam er ständig auf neue Ideen und war bei seinen Freunden sehr beliebt.

Finn saß in der Schule in einer Besprechung mit seinen Eltern, der Lehrerin und dem Familienhelfer. Das Gespräch drehte sich um die Frage, welche Fähigkeiten er entwickeln muss, damit er durch seine Ablenkbarkeit nicht mehr so viele Probleme in der Schule bekommt. Man einigte sich auf drei solcher Fähigkeiten: »die Fähigkeit, mit dem störenden Verhalten aufzuhören«, »die Fähigkeit, ruhig in die Klasse zurückzukehren«, nachdem er aus dem Unterricht rausgeschickt worden war, und »die Fähigkeit, während des Unterrichts ausschließlich mit der Lehrerin zu sprechen«.

»Auf welche dieser drei wichtigen Fähigkeiten möchtest du dich konzentrieren?«, fragte der Familienhelfer. Finn entschied sich für die dritte Fähigkeit – also die, im Unterricht nur mit der Lehrerin zu sprechen.

Der Familienhelfer forderte ihn nun auf, der Fähigkeit einen Namen zu geben, aber das lehnte Finn ab, weil er der Meinung war, das sei kindisch. Er zeigte auch kein Interesse daran, sich ein Krafttier zu suchen, das ihm beim Üben helfen sollte. Auch diese Idee fand er kindisch. Stattdessen war er sehr erpicht darauf zu erörtern, welchen Nutzen diese Fertigkeit bringen würde. Die Lehrerin schrieb die verschiedenen Vorteile, die zur Sprache kamen, auf einem Flipchart auf: Die Beziehung zwischen Finn und seiner Lehrerin würde sich verbessern, er würde bessere Noten bekommen, er hätte es in seiner Zukunft in der Ausbildung oder auch im Beruf leichter und würde vor allem mehr Selbstvertrauen gewinnen.

Als Helfer wünschte er sich seine Eltern, seine Lehrerin und zwei Klassenkameraden. Der Familienhelfer verfasste später gemeinsam mit ihm einen Brief an die Lehrerin, in dem er ihr erklärte, welche Fertigkeiten Finn lernen wollte, und sie bat, seine Bemühungen und Fortschritte im Auge zu behalten. Finn wollte auch mit den beiden Mitschülern vereinbaren, dass sie ihm helfen würden, indem sie während des Unterrichts absichtlich nicht auf seine Fragen antworten. Der Familienhelfer erhielt von Finn die Erlaubnis, zwei weitere Lehrer über das Projekt zu informieren.

Außerdem bat er Finn, seine Fähigkeiten in einem Rollenspiel unter Beweis zu stellen, bei dem er ihm aufmerksam zuhören sollte, während seine beiden Eltern ihr Bestes taten, um ihn abzulenken. Finn bestand den Test mit Auszeichnung und erntete viel Lob von seinen Eltern und dem Familienhelfer. Er war wirklich motiviert, die neue Fähigkeit zu erlernen. Als er an diesem Tag nach Hause kam, bastelte er mit seinen Eltern ein Poster für sein Projekt. Darauf stand die Fähigkeit, an der er arbeitete, und es gab reichlich Platz für seine Eltern und vielleicht auch für andere, ihm ermutigende Kommentare draufzuschreiben.

»Angenommen, deine Lehrerin sieht manchmal, wie du während des Unterrichts mit anderen schwatzt. Wie möchtest du, dass sie dich an dein Vorhaben erinnert?«, fragte der Familienhelfer.

»Sie geht ja sowieso in der Klasse rum, dann kann sie auch einfach zu mir kommen und mir was zuflüstern.«

»Okay, und was soll sie dir zuflüstern?«

»Sie kann zu mir sagen: ›Komm zurück!‹«

Finns Vorschlag wurde akzeptiert. Dieser Vorschlag stand dann auch in dem Brief an Finns Lehrerin.

In den nächsten Wochen berichtete die Lehrerin Finns Eltern, dass er Fortschritte machte und in den Tests bessere Noten bekam. Sie sagte, er sei aufmerksamer geworden, und sie sei zuversichtlich, dass er in Zukunft gut zurechtkommen würde.

Als alle sich einig waren, dass Finn seine Fähigkeit beherrschte, überreichte ihm der Familienhelfer eine Urkunde. Um seinen Durchbruch zu feiern, gingen Finn, seine Eltern und die beiden Freunde gemeinsam Pizza essen. Im Restaurant bedankte sich Finn sowohl bei den Freunden als auch bei seinen Eltern für ihre Unterstützung.

Dazwischenreden, 12-jähriges Mädchen

SARA hatte mehrere Probleme. Sie war übergewichtig, hatte nur eine kurze Aufmerksamkeitsspanne und geriet oft in Streit mit Freundinnen. Bei ihr wurde ADHS diagnostiziert, und man empfahl eine medikamentöse Behandlung, was die Eltern aber ablehnten.

Die Lehrerin lud Sara und ihre Eltern zu einem Gespräch in die Schule ein, in dem es darum gehen sollte, wie die Schule Saras Lernfortschritte am besten unterstützen könne. Die Lehrerin hatte Saras Eltern gebeten, sich im Vorfeld Gedanken darüber zu machen, welche Fähigkeiten ihre Tochter entwickeln müsste, um in der Schule besser zurechtzukommen. Das Thema war in der Familie besprochen worden, und die Mutter hatte einige Dinge aufgeschrieben, von denen Sara nach Ansicht der Eltern profitieren könnte, wenn sie sie besser beherrschen würde. Dazu gehörten »die Fähigkeit, Erwachsene nicht zu unterbrechen, wenn sie sprechen«, »die Fähigkeit, sich in der Klasse zu melden, wenn ich etwas sagen möchte«, »die Fähigkeit, freundlicher zu meinem Bruder zu sein« (Sara hatte ihren behinderten Bruder wiederholt körperlich attackiert) und »die Fähigkeit, in der Klasse länger an meinem Platz sitzen zu bleiben«.

»Das sind alles nützliche Fähigkeiten, die Sara lernen sollte«, sagte die Lehrerin. »Wir müssen nur entscheiden, mit welcher wir anfangen.«

Die Eltern dachten darüber nach und kamen zu dem Schluss, dass es im Moment die wichtigste Fähigkeit für Sara war, Erwachsenen nicht dazwischenzureden. Sara stimmte zu und sagte: »Ja, ich weiß, ich bin zu ungeduldig.«

Es fiel ihr nicht schwer, sich vorzustellen, welchen Nutzen das Erlernen dieser Fähigkeit bringen würde: »Meine Freundinnen würden mich mehr respektieren und sie würden lieber mit mir zusammen sein. Ich glaube, ich würde sogar ein paar neue Freunde finden. Ich würde in der Schule nicht mehr so oft getadelt und nicht mehr ständig aus dem Unterricht rausgeschmissen werden. Ich könnte den Lehrern auch besser zuhören und würde nicht dauernd kritisiert werden.«

Die Lehrer schlugen vor, dass Sara ihrer Fähigkeit einen Namen gibt: Sie wollte sie »Wartemelodie« nennen und erklärte, dass man oft, wenn man eine Nummer wählt, einen automatischen Anrufbeantworter hört, der einem sagt, dass man warten soll, bis man mit einer Person verbunden wird; während der Wartezeit muss man sich ein monotones Gedudel anhören.

Sara wünschte sich als Helfer ihre Lehrerin, beide Eltern, beide Großmütter, zwei gute Freundinnen und ihre Tanzlehrerin. Sie wandte sich an jeden Einzelnen und bat um Unterstützung. Alle sagten zu.

Als die Lehrerin Sara fragte, ob sie ein Krafttier haben möchte, das ihr hilft, verstand sie zunächst gar nicht, was damit gemeint war. Die Lehrerin erklärte ihr, dass das eine Zeichentrickfigur oder ein imaginärer Freund ist, der sie an ihre Fähigkeit erinnert und ihr zusätzliche Kräfte verleiht, während sie die neue Fähigkeit lernt. Als sie das hörte, wusste sie sofort, dass ein bestimmtes Pferd ihr Krafttier sein sollte. Das Pferd, das sie im Sinn hatte, war für seine Geduld und seinen gutmütigen Charakter bekannt.

»Wie kann das Pferd dir helfen, deine Fähigkeit zu erlernen?«, fragte die Lehrerin.

»Ich steck mir ein Bild von dem Pferd in die Hosentasche, und wenn ich auf irgendwas warten muss, ziehe ich es aus der Tasche und gucke es an, bis ich an der Reihe bin«, erklärte sie.

»Das ist eine Superidee«, sagte die Lehrerin. »Aber wie willst du dir das merken?«

»Ich sage mir dann ›Stopp‹ und hol das Bild aus der Tasche.«

Als es am Ende des Gesprächs um das Thema Feiern ging, war Sara ganz Feuer und Flamme. Sie wollte eine Grillparty veranstalten und alle Helfer und ihre ganze Tanzgruppe einladen.

»Was meinen Sie«, fragte die Lehrerin Saras Eltern, »wird Sara es schaffen? Wird es ihr gelingen, die Fähigkeit des Abwartens zu meistern?«

»Du wirst das lernen, wenn du es willst«, sagten die Eltern zu ihr, »denn du bist ein starkes Mädchen und du bist unsere Tochter.« Sara strahlte, als sie den ermutigenden Zuspruch ihrer Eltern hörte.

»Ich denke, es wäre nützlich, wenn alle deine Klassenkameraden wüssten, dass du die Fähigkeit des geduldigen Abwartens lernst. Willst du es ihnen selbst sagen, oder soll ich es ihnen sagen?«, fragte die Lehrerin. Sara wollte, dass die Lehrerin die Klasse informiert. Sie war auch einverstanden, dass die Lehrerin ein Notizbuch auf den Lehrertisch legen würde, in das alle – auch Sara selbst – ihre Beobachtungen über ihre Fortschritte schreiben könnten.

Sie erlernte ihre Fähigkeit schneller als erwartet, und das Grillfest, bei dem ihr Durchbruch gefeiert wurde, war ein großer Erfolg. Als die Lehrerin sie später fragte, welche Fertigkeit sie als nächste in Angriff nehmen wolle, sagte sie, sie wolle lernen, die »Wartemelodie« auch anderswo einzusetzen, z. B. im Tanztraining, mit ihren Freunden und bei ihrem Bruder.

Wutanfälle, 12-jähriges Mädchen

Die folgende Geschichte hat mir ein Pflegevater erzählt.

Wir haben seit über 20 Jahren Pflegekinder in unserer Familie. FANNY, bei der sowohl ADHS als auch das fetale Alkoholsyndrom (FAS) diagnostiziert wurde, lebt nun schon seit vier Jahren bei uns. Zuvor war sie in einer anderen Familie untergebracht, aber das hat nicht geklappt. Ihre Pflegeeltern waren einfach überfordert und kamen nicht mit ihr zurecht.

Sie kam in einer schlechten Verfassung zu uns. Seit sie bei uns lebt, haben wir sie wieder ganz gut aufbauen können. Wir haben dafür gesorgt, dass die ganze Familie positiv auf sie reagiert, sie für ihre Leistungen lobt und ihr ermutigende Kommentare gibt wie: »Wow, du siehst heute super aus«, oder: »Da hast du dir aber ein tolles Outfit ausgesucht, das steht dir echt gut«. Es war wichtig, Fannys Vertrauen zu gewinnen, denn wir wussten, dass sie schon von so vielen Menschen, die sich um sie gekümmert hatten, enttäuscht worden war.

Fannys größtes Problem war, dass sie oft heftige Ausraster hatte. Sie ging bei allem, was sie ärgerte, gleich an die Decke. Während ihrer Wutanfälle lag sie schreiend auf dem Boden, schlug um sich und kniff sich selbst und jeden, der ihr zu nah kam. Wenn einer von uns versuchte, sich einzumischen, machte das die Sache nur noch schlimmer. Wenn keine Gefahr drohte, ließen wir sie einfach machen, bis sie schließlich vor lauter Erschöpfung aufhörte.

Als ich bei einem Wochenendseminar vom Kompetenzansatz erfuhr, konnte ich es kaum erwarten, nach Hause zu kommen und ihn auszuprobieren. Ich rief Fanny und sagte zu ihr: »Eins zu null für mich! Denn ich hatte einen supertollen Tag – und du bestimmt nicht!« Ich sagte das so provokativ, weil ich aus Erfahrung wusste, wie sie reagieren würde.

»Du Loser, mein Tag war viel besser als deiner!«, sagte sie – genau, wie ich erwartet hatte – und erzählte mir dann, wie großartig ihr Tag gewesen sei.

Ich berichtete Fanny dann von dem Denken in Fähigkeiten, das ich an dem Wochenende kennengelernt hatte, und nannte ihr ein paar Beispiele dafür, wie Kinder Verhaltensprobleme durch das Erlernen von Fähigkeiten überwunden hatten. Ich hatte eine klare Vorstellung davon, welche Fertigkeiten sie lernen sollte – meinem Verständnis nach war das vor allem, über ihre Gefühle zu sprechen und uns zu sagen, warum sie sich aufregt, damit wir ihr helfen konnten, einen besseren Weg zu finden, wie sie mit ihrer Enttäuschung umgehen kann. Ich erklärte ihr, wenn sie weitere Ausraster vermeiden wolle, sollte sie meiner Meinung nach lernen, mit jemandem zu sprechen, wenn sie sich ärgert, um ihm so mitzuteilen, wie sich die Situation für sie anfühlt. Ich sagte, dass auch ich mit jemandem reden müsse, wenn ich gereizt bin oder etwas passiert ist, was mich ärgert. Sie schien das zu verstehen. Schließlich kosteten die Wutausbrüche sie eine Menge Kraft und waren ein Ärgernis für alle Familienmitglieder. Fanny stimmte mir zu, dass es besser sei, mit jemandem zu reden, als auszuflippen.

Wir sprachen eine Weile darüber, welche Vorteile es hätte, wenn sie sich diese Fähigkeit aneignen würde. Sie würde sich nicht mehr so aufregen und verausgaben, und alle anderen Familienmitglieder wären deutlich zufriedener. Außerdem könnten wir dann interessante Ausflüge zu Orten machen, an die wir uns bisher nicht getraut hatten.

Ich bat Fanny, der Fähigkeit einen Namen zu geben, aber ihr fiel nichts ein. Als ich sie bat zu beschreiben, was in ihr vorgeht, kurz bevor sie ausrastet, erklärte sie, dass es wie ein schwirrendes Gefühl im Kopf sei. Wir suchten gemeinsam nach einem Namen für ihre Fähigkeit und entschieden uns schließlich für »das Wirbeln«.

Als Krafttier wünschte sie sich die »Maske«, eine Figur aus einem ihrer Lieblingsfilme mit gleichem Namen. Sie erklärte auch, warum: Wenn die Hauptfigur, gespielt von Jim Carrey, die Maske aufsetzt, wirbelt er herum und ist währenddessen unverwundbar und in der Lage, alles Mögliche zu tun. Ich war von ihrem kreativen Denken beeindruckt.

Als Helfer wünschte Fanny sich mich, ihre Mutter und die beiden älteren Schwestern. Sie erklärte, dass sie nicht wollte, dass zu viele Leute davon erführen, da dies ihr erster Versuch war, das Fähigkeitsdenken anzuwenden.

Die ganze Familie unterstützte sie. Wir alle sagten ihr, wir wüssten, dass sie es schaffen könne, und erinnerten sie daran, wie viele Fortschritte sie schon gemacht hatte, seit sie bei uns lebte, und an die vielen Dinge, die sie nun tun konnte, von denen sie vorher nicht gedacht hatte, dass sie sie schaffen würde.

Fanny gefiel der Gedanke, dass sie es feiern dürfte, wenn sie die Fähigkeit beherrschen würde. Sie wollte mit ihrem ganzen Helferteam zu McDonald's. Ich versuchte, ihr etwas Harmloseres vorzuschlagen, z.B. eine halbe Stunde lang mit ihren Helfern Xbox zu spielen, aber das kaufte sie mir nicht ab. »Papa! Das ist meine erste neue Fähigkeit. Wir müssen das richtig feiern!«

Wir haben dann in Rollenspielen verschiedene Szenarien durchgespielt, in denen sie sich aufregte und zu mir kam, um mir zu sagen, dass ihr der Kopf schwirrt. Ihre Mutter kam dazu und filmte uns in dem Rollenspiel. So lief das Spielchen ab: Ich tat irgendwas, um Fanny zu ärgern, und sie tat so, als würde sie sich echauffieren. Dann sagte sie »Maske« und wirbelte herum, während sie zu meiner Frau ging und ihr erzählte, dass ich versuchte, sie zu ärgern, und dass ihr das nicht gefalle. Ich sagte dann: »Es tut mir leid, dass ich dich verärgert habe.«

Wir versuchten, mehrmals pro Woche dieses Rollenspiel in irgendeiner Form zu wiederholen. Glücklicherweise fand sie großen Gefallen daran, und wir lobten sie dafür, wie gut sie sich mit Worten ausdrücken konnte, um einen Ausraster zu vermeiden.

Die ganze Familie hatte beim Üben dieser Fähigkeit eine Menge

Spaß; statt eine halbe Stunde lang ein schreiendes Kind ertragen zu müssen, konnten wir uns nun miteinander amüsieren.

Als ich Fanny fragte, wie wir sie an die »Wirbel-Fähigkeit« erinnern sollten, wenn einer von uns das Gefühl hatte, dass das nötig sei, hatte sie eine kreative Lösung parat. »Ihr könnt mich einfach fragen: ›Wo ist die Maske?‹« Und damit wir das richtig machen konnten, mussten wir uns natürlich mehrmals den Film *Die Maske* ansehen. Wir haben mit Fanny vereinbart, dass wir mit ihr zu McDonald's gehen würden, wenn sie es schafft, ihre neue Fähigkeit vier Wochen lang durchzuhalten.

Fanny genoss diese Art, in Fähigkeiten zu denken. Es machte ihr sogar so viel Spaß, dass sie Schwierigkeiten hatte, bei der Sache zu bleiben, weil ihr ständig neue Ideen einfielen, was sie noch alles mit derselben Methode lernen wollte.

Im Laufe der Jahre hatten viele Experten und erfahrene Betreuer sich bemüht, Fanny zu helfen, aber dies war das erste Mal, dass jemand versuchte, ihr Problem durch eine Fähigkeit zu ersetzen, die sie erlernen konnte. Dieser Ansatz hatte eine enorme Wirkung auf das Mädchen, das die meiste Zeit seines Lebens von anderen Menschen als problematisch, gestört oder aufmüpfig angesehen worden war. Im nächsten Jahr, als Fanny die 6. Klasse besuchte, wurde sie Mentorin für einige jüngere Kinder aus der 3. Klasse, die Unterstützung beim Erlernen der Wirbel-Fähigkeit brauchten.

Spielsucht, 14-jähriger Junge

SIMON war bisher ein guter Schüler gewesen, aber im letzten Halbjahr waren seine Noten schlechter geworden, er vernachlässigte sogar die Körperpflege und schlief in letzter Zeit unruhig. Seine Mutter hatte ihn im Schlaf schreien hören: »Tötet sie, tötet sie!« Es gab einen Grund, warum sich sein Zustand so verschlechtert hatte: Er war total süchtig nach einem beliebten Ego-Shooter-Videospiel. Zu Hause gab es immer wieder Streit über seine Spielsucht. Als seine Mutter einmal gedroht hatte, den Stecker seines Computers zu ziehen, war er wütend geworden und hatte mit Handgreiflichkeiten gedroht, wenn sie das Computerkabel auch nur anrühren würde.

Die Mutter vereinbarte einen Termin bei der Hausärztin, um mit ihr und Simon gemeinsam über die verfahrene Situation zu sprechen.

Sobald sie der Ärztin die Situation kurz geschildert hatte, wandte diese sich an Simon und stellte ihm Fragen zu seinem Videospiel: »Was ist das für ein Spiel? Bist du gut darin? Wie bist du so gut darin geworden? Spielst du allein oder hast du ein Online-Team? Was fasziniert dich an diesem Spiel? Kannst du mir ein paar Bilder von Spielszenen zeigen?« Die Hausärztin signalisierte, dass sie sich sowohl für die Sorgen der Mutter als auch für Simons Spielbegeisterung interessierte.

Gegen Ende des Gesprächs dachte die Ärztin laut darüber nach, welche Fähigkeiten Simon vielleicht noch entwickeln müsste, damit die Streitereien über sein Spielverhalten nachließen und in der Familie wieder Ruhe einkehren könne. Da keiner von ihnen eine Idee hatte, schlug die Ärztin den beiden vor, in zwei Wochen wiederzukommen, um das Gespräch fortzusetzen. Außerdem gab sie ihnen eine Hausaufgabe mit auf den Weg. Zur Mutter sagte sie: »Ich möchte, dass Sie mit Ihrem Mann gemeinsam überlegen, welche Fähigkeit Sie Simon beibringen möchten, die Ihnen helfen würde, die Streitereien über die Videospiele zu beenden.« Dann wandte sie sich an Simon und sagte: »Ich habe auch eine Hausaufgabe für dich, Simon. Deine Eltern werden sich überlegen, welche Fähigkeit du erlernen sollst, und deine Aufgabe ist es, dieser Fähigkeit einen Namen zu geben. Ich freue mich darauf, dich in zwei Wochen wiederzusehen, und ich bin schon gespannt, was du dir einfallen lässt.«

Als Mutter und Sohn zwei Wochen später wiederkamen, schienen beide im Vergleich zu ihrem letzten Besuch gut gelaunt. Die Mutter berichtete, dass es weniger Streit über das Spielverhalten gegeben habe und dass Simon sich etwas mehr Zeit für seine Schularbeiten genommen habe.

»Haben Sie mit Ihrem Mann darüber gesprochen, welche Fähigkeit Simon erlernen soll?«, fragte die Ärztin.

»Wir haben darüber nachgedacht und sind zu dem Schluss gekommen, dass es zwar unrealistisch ist, ihn dazu zu bringen, mit seinen Videospielen aufzuhören, dass er aber lernen sollte, längere Spielpausen einzulegen. Zum Beispiel sollte er das Spiel unterbrechen können, wenn er seine Hausaufgaben macht oder mit uns am Esstisch sitzt.

»Das hört sich vernünftig an«, sagte die Ärztin. »Was ist mit dir, Simon? Hast du deine Hausaufgaben gemacht? Hast du einen

> Namen für die Fähigkeit gefunden, von der deine Eltern wollen, dass du sie lernst?«
>
> »Ja, hab ich«, sagte Simon. »Die Fähigkeit soll ›Formatieren‹ heißen.«
>
> Die Gespräche mit der Hausärztin trugen dazu bei, ein Projekt anzustoßen, das sich nicht nur positiv auf Simons Spielsucht auswirkte, sondern auch auf den Bildschirmkonsum der übrigen Familie. Als seine Mutter und Simon zum dritten Mal zu der Ärztin kamen, schlug diese vor, dass die Familie die positiven Veränderungen, die sie erreicht hatte, vielleicht auf irgendeine Weise feiern könnte.
>
> Simon sagte: »Wir können feiern, aber erst, wenn auch mein Bruder die gleiche Fähigkeit erlernt hat wie ich.«

Ich hoffe, dass diese Fallgeschichten Sie inspiriert haben und Sie bereit für das nächste Kapitel sind, in dem ich häufige Herausforderungen für Kinder in alphabetischer Reihenfolge von A bis Z anspreche.

7 HERAUSFORDERUNGEN FÜR KINDER VON A BIS Z

Eine gute Methode ist für viele Zwecke gut.

In diesem Kapitel finden Sie eine alphabetische Auflistung von häufigen – und auch einigen weniger häufigen – Problemen und relevanten Themen bei Kindern, jeweils mit meinem Vorschlag, wie Sie sich mithilfe des Fähigkeitsdenkens verstehen und angehen lassen.

Aggressives Verhalten

Mit aggressivem oder gewalttätigem Verhalten meine ich hier, dass ein Kind andere Kinder schlägt, tritt, schubst oder kratzt, sie bespuckt oder etwas Ähnliches bei seinen Eltern bzw. anderen Erwachsenen in seiner Umgebung tut.

Gewalttätiges Verhalten ist inakzeptabel, und es ist die Pflicht der Eltern, dem Kind behilflich zu sein, dass es seine Aggressivität in den Griff bekommt. Was auch immer der Grund für das rabiate Verhalten des Kindes ist: Es ist wichtig, dafür zu sorgen, dass es eine Fähigkeit erlernt, mit der es seine Wut besser kontrollieren kann.

Die fehlende Fähigkeit lautet also, »auf Wut und Frust in einer sozial akzeptablen Weise zu reagieren«. Dementsprechend kann man sagen, dass ein Kind, das körperliche Gewalt anwendet, *noch* keine besseren Wege gefunden hat, mit seiner Wut umzugehen – Wege, die es mit der Unterstützung seiner Familie und Freunde entdecken und beschreiten kann.

DIE 4-JÄHRIGE ELENA hatte im Kindergarten die schlechte Angewohnheit, andere Kinder zu hauen. Als die Erzieherin mit Elena darüber sprach, sagte sie zu ihr: »Mir ist aufgefallen, dass du die anderen Kinder manchmal haust, wenn du wütend auf sie bist. Ich bin sicher, du weißt, dass das nicht richtig ist. Wir wollen nicht, dass du jemandem wehtust. Aber ich kann dir helfen. Wie wäre es, wenn du von nun an, wann immer du dich über ein anderes Kind ärgerst, so schnell wie möglich zu mir rennst, anstatt andere zu hauen. Dann erzählst du mir, was passiert ist, weshalb du dich so aufgeregt hast. Wenn du es mir gesagt hast, werde ich dir helfen, eine Lösung zu finden. Willst du lernen, das zu machen?« Elena kapierte, dass es sich wohl lohnen würde, diese Fähigkeit zu erlernen.

DER 10-JÄHRIGE JAKOB besuchte eine kleine Reformschule, in der das gesamte Lehrpersonal im Fähigkeitsansatz geschult worden war. Jakob neigte dazu, andere Kinder zu attackieren, wenn er wütend war. Die Lage war ziemlich ernst, denn die Eltern einiger Kinder in der Schule hatten schon gefordert, dass der Junge von der Schule verwiesen werden sollte. Der Direktor sprach ganz offen mit ihm: »Hör zu, Jakob, du darfst nie wieder ein Kind in unserer Schule schlagen. Wenn wir es nicht hinbekommen, dass du damit aufhörst, werde ich deinen Eltern sagen müssen, dass du nicht länger bei uns bleiben kannst. Wenn du das nächste Mal wütend wirst – aus welchem Grund auch immer –, darfst du niemanden angreifen. Du musst stattdessen etwas anderes tun. Du musst etwas tun, das dir hilft, dich zu beruhigen. Was könnte das sein? Was könntest du tun, um dich abzuregen?«

Jakob überlegte einen Moment und sagte dann, dass es ihm helfen würde, wenn er in den Ruheraum der Schule rennen und dort mit den Fäusten auf die großen Kissen einschlagen könne.

»Das könnte funktionieren«, sagte der Direktor und bat Jakob, ihm zu zeigen, wie er das machen würde. Jakob tat so, als ob er wütend sei, rannte schnell in den Ruheraum und prügelte mit den Fäusten auf die Kissen ein.

»Dieses Mal hat es gut geklappt«, sagte der Schulleiter und fragte sich laut, ob Jakob es wohl auch in echten Situationen schaffen würde, wenn er sich wirklich über etwas aufregt, was ein anderer gesagt oder getan hat. Er bat Jakob, seinen Lehrern denselben Ablauf zu zeigen, damit sie wüssten, was er zu tun habe, wenn er das nächste Mal aus irgendeinem Grund wütend würde. Jakob übte die neue Verhaltensweise jedes Mal, wenn er verschiedenen Personen – Lehrern, Mitschülern und seinen Eltern – demonstrierte, was er von nun an tun wollte, wenn er sich aufregte. Der Schulleiter vereinbarte mit ihm auch, dass seine Lehrer und Mitschüler ihn bei Bedarf an den Ruheraum erinnern dürfen. In den folgenden Wochen rannte Jakob oft in diesen Raum und schlug mit den Fäusten auf die Kissen ein, aber er griff nie wieder andere Kinder an.

CAROLIN, EIN 6-JÄHRIGES MÄDCHEN, schlug andere Kinder im Kindergarten. Man hatte ihr schon oft gesagt, dass sie das nicht tun sollte, und sie wusste sehr wohl, dass es falsch war. Ihre Erzieherin hatte ihr beigebracht, sich bei den Kindern, die sie gehauen hatte, zu entschuldigen – das war eine Fähigkeit, die sie gut beherrschte, aber das änderte nichts an ihrem Verhalten; sie behielt ihre Angewohnheit bei, andere zu schlagen. Als die Erzieherinnen in einer Besprechung überlegten, was sie tun könnten, um dem Mädchen das abzugewöhnen, hatten sie eine Idee. Da die Entschuldigung bei den Kindern keine Wirkung gezeigt hatte, waren sie der Meinung, dass man vielleicht von ihr verlangen sollte, sich auch bei den Eltern des jeweiligen Kindes zu entschuldigen. Die Erzieherinnen unterbreiteten diesen Vorschlag Carolins alleinerziehendem Vater, und er stimmte zu, obwohl er dafür nachmittags beim Abholen vom Kindergarten manchmal länger warten musste, bis die Eltern des betreffenden Kindes auftauchten, um ihr Kind abzuholen.

Im Laufe der nächsten Woche lernte Carolin, sich nicht nur bei den Kindern, die sie gehauen hatte, sondern auch bei deren Eltern für ihr Verhalten zu entschuldigen – und, was wahrscheinlich noch wichtiger war, ihr Vater war nun Zeuge, wie sie dies tat. Diese kleine, aber offensichtlich bedeutsame Veränderung in der Art und Weise, wie das Mädchen seine Entschuldigung vortrug, brachte in nur zwei Wochen das erwünschte Ergebnis.

Sich zu entschuldigen, ist eine der Fertigkeiten, die es Kindern erleichtern, ihr aggressives Verhalten abzulegen. Es ist jedoch wichtig, dass Sie mit dem Kind sprechen und ihm dabei helfen zu überlegen, wie es die Entschuldigung gut und angemessen vortragen kann, damit sie auch funktioniert und die gewünschte Wirkung zeigt – nicht nur auf das »Opfer«, sondern auch auf den »Täter«.

Weitere Informationen zum Thema Entschuldigung finden Sie im Abschnitt »Bestrafung« in diesem Kapitel.

Selbstbeherrschung – oder auch Wutkontrolle – ist eine Fähigkeit, die alle Kinder lernen müssen. Kleine Kinder sind noch nicht in der Lage, ihre Gefühle zu steuern. Wenn sie enttäuscht sind, weinen sie, schreien, schlagen, hauen, treten usw. Wenn sie größer werden, lernen sie, ihre Gefühle zu regulieren und ihre Wut in den Griff zu bekommen. Anstatt aggressiv zu reagieren, lernen sie reifere Verhaltensweisen, z. B. dass sie ihre Wut in Worten ausdrücken, sich an einen Erwachsenen wenden oder etwas anderes tun, das ihnen hilft, eine Gewaltspirale zu vermeiden. Wenn es einem Kind schwerfällt, diese Dinge zu erlernen, überlegen Sie gemeinsam mit ihm, welche Selbstbeherrschungsfähigkeiten es sich aneignen sollte, und helfen Sie ihm dabei. Erstellen Sie gemeinsam einen Plan zum Einüben dieser Fähigkeit.

Die folgende Geschichte liefert einen weiteren interessanten Ansatz für den Umgang mit rabiatem Verhalten.

Ein **5-JÄHRIGER JUNGE** hatte die seltsame Angewohnheit, andere Kinder mit weit ausgestreckten Armen ganz unvermittelt zu schubsen, sodass sie stolperten, manchmal in Tränen ausbrachen oder sich sogar verletzten. Er schien eine merkwürdige Art Schadenfreude daraus zu ziehen, andere so zu erschrecken. Es versteht sich von selbst, dass alle konventionellen Versuche, ihn davon abzubringen, erfolglos blieben – sei es durch Schimpfen, Diskutieren oder die Benachrichtigung der Eltern.

Schließlich hatte eine Erzieherin eine originelle Idee. Sie sprach mit dem Jungen und schlug vor, dass er sich eine andere Methode

> überlegen sollte, um seine Mitschüler zu erschrecken. Anstatt sie zu schubsen, könnte er schauen, was passiert, wenn er sie auf eine andere Weise erschreckt – z. B. indem er nah rangeht und direkt vor ihnen kräftig in die Hände klatscht. Zur Überraschung der Lehrerin war der Junge von der Idee begeistert und probierte es aus. Das Klatschen war zwar auch eine komische Angewohnheit, aber nicht so schlimm wie die Schubserei, und die Kinder reagierten ganz anders darauf. Der Junge praktizierte das Klatschen ein paar Tage lang, war es dann aber bald leid und hörte schließlich ganz damit auf. Er fiel auch nicht in seine alte Gewohnheit des Schubsens zurück.

Ich finde es interessant, dass der Junge nicht auf die Versuche der Erwachsenen einging, ihn von seiner schlechten Angewohnheit abzubringen, aber sehr wohl bereit war, sich auf die Anregung einzulassen, diese Marotte durch eine andere, etwas weniger störende zu ersetzen, die er dann nach Belieben auch wieder ablegen konnte.

Albträume

Mit Albträumen meine ich, dass ein Kind unangenehme, beängstigende Träume hat, aus denen es normalerweise weinend und völlig außer sich aufwacht. Manchmal wird der Albtraum durch ein furchterregendes Erlebnis ausgelöst, aber offensichtlich können Albträume auch in der Fantasie des Kindes getriggert werden – ohne Bezug zu einem realen Ereignis.

Kinder können Albträume loswerden, indem sie eine ganz bestimmte Fähigkeit entwickeln: die Kunst, den Inhalt von solchen Träumen zu beeinflussen. Diese können Sie Ihrem Kind beibringen, indem Sie die gleiche Methode anwenden, von der Nigels Großmutter in meinem Kinderbuch *Nigel's Nightmares* Gebrauch gemacht hat.

> Das Buch erzählt die Geschichte von **NIGEL**, der unter einem wiederkehrenden Albtraum leidet. Eines Nachts, als er bei seiner Großmutter übernachtet, fängt er beim Ins-Bett-Gehen an zu weinen.
>
> »Warum weinst du?«, fragt die Oma.
>
> »Ich habe Angst, dass ich nachts wieder denselben Albtraum habe,

in dem drei große Lastwagen hinter mir her sind«, erklärt Nigel.

»Oh, dann weißt du also noch nicht, dass es gar keine Albträume gibt«, sagt die Oma.

»Aber ich habe Albträume«, protestiert Nigel.

»Es gibt keine Albträume«, erklärt die Oma. »Alle Träume haben ein Happy End.«

»Aber bei mir gibt es kein Happy End«, widerspricht Nigel.

»Natürlich nicht, wenn man mittendrin aufwacht und nicht abwartet, wie es weitergeht«, sagt die Oma.

Gemeinsam stellen sie sich dann einen guten Ausgang für Nigels Traum vor. In dieser Version halten die gruseligen Lastwagen, die Nigel verfolgen, an, und ein paar nett aussehende Fahrer steigen aus. »Hab keine Angst, Nigel«, sagen sie, »wir wollen dir nichts tun. Wir sind gekommen, um dir Geschenke zu bringen.«

Gemeinsam spinnen sie die Geschichte weiter fort, und die Fahrer laden Nigel ein, in den Laderaum ihres Lastwagens zu steigen. Dort darf er sich umsehen und aus den vielen Geschenken drei aussuchen. Nigel, der Eishockey liebt, entscheidet sich für einen Eishockeyschläger mit dem Autogramm seines Superhelden, einen cool aussehenden Eishockeyhelm und ein Paar dicke Eishockeyhandschuhe.

Als Nigels Kopf schon auf dem Kissen liegt, sagt seine Oma zu ihm: »Vergiss nicht, deinen Traum heute Nacht bis zum Ende anzuschauen.« Nigel schläft mit einem Lächeln im Gesicht ein und freut sich auf den Traum, der ja wohl damit enden wird, dass er drei Geschenke bekommt. Er schläft die Nacht durch und kann sich am Morgen nicht mehr erinnern, ob er überhaupt etwas geträumt hat.

Wenn Ihr Kind unter einem wiederkehrenden Albtraum leidet, können Sie mit ihm diesen Trick ausprobieren. Erklären Sie ihm, dass alle Träume ein glückliches Ende haben, und helfen Sie ihm dann, einen schönen Schluss zu visualisieren. Der Grundgedanke dieser Methode ist, das Gehirn des Kindes im Voraus – also, während es noch wach ist – darauf vorzubereiten, dass es in der Lage ist, schreckliche Träume in angenehme zu verwandeln, indem es Einfluss auf das Ende nimmt.

Ängste

Bei Kindern sind alle möglichen Arten von Ängsten weit verbreitet. Genau wie Erwachsene können auch sie vor so ziemlich allem Angst entwickeln. Zu den häufigsten Formen bei Kindern gehören Ängste vor Insekten und anderen Tieren, vor Dunkelheit, Spritzen, Zahnarztbesuchen, dem Zusammensein mit anderen sowie die Angst, sich zu verirren, und Höhenangst. Außerdem können Kinder Angst vor Erbrechen, Blut, Monstern, Räubern und betrunkenen Menschen haben oder davor, dass ihren Eltern etwas Schlimmes zustößt – also eigentlich vor allem Erdenklichen.

Ängste gehören zum Leben dazu. Das menschliche Gehirn ist nun mal so konstruiert, dass sich eine Angstreaktion leicht triggern lässt, und wenn die Angst einmal da ist, bleibt sie in der Regel bestehen, wenn die Person nicht bewusst etwas dagegen tut.

Wovor auch immer Ihr Kind Angst hat: Sie können ihm helfen, diese loszuwerden. Der beste Weg ist, mit dem Kind nicht mehr über seine Angst zu sprechen, sondern über den Mut, der ihm fehlt und den es aufbringen muss, um seine Angst zu überwinden.

Wenn Ihr Kind sich z. B. vor Hunden fürchtet, sprechen Sie mit ihm nicht über die Angst vor Hunden, sondern über den »Mut, auf Hunde zuzugehen«, und was man tun kann, um daran zu arbeiten. Wenn Ihr Kind Angst vor Dunkelheit hat, sprechen Sie mit ihm nicht über die Angst, sondern über »Mut zur Dunkelheit« und was man tun kann, um ihn aufzubauen. Wenn es Angst vor Einbrechern hat, sprechen Sie mit ihm nicht darüber, sondern über Sicherheit und wie man ein Gefühl der Sicherheit erzeugen kann. Konzentrieren Sie sich beim Gespräch mit Ihrem Kind auf den Mut, den es entwickeln muss, und nicht auf die Angst, die es zu besiegen gilt. Es ist für Kinder einfacher, gemeinsam nach Möglichkeiten zu suchen, um den Mut entstehen und wachsen zu lassen.

Man kann seine Fantasie nutzen, um Mut zu entwickeln. Ein Kind, das z. B. Angst davor hat, in der Schule von anderen gehänselt zu werden, kann sich Mut verschaffen, indem es sich ausmalt, es hätte einen unsichtbaren Schutzschild, der es unverwundbar macht. Es kann sich Folgendes vorstellen: Wenn es den Schutzschild in der

Schule bei Bedarf anlegt, kann es durch keine der fiesen Bemerkungen anderer Kinder verletzt werden.

Eine weitere Möglichkeit, wie Kinder mittels ihrer Fantasie besonderen Mut entwickeln können, besteht darin, sich vorzustellen, dass sie in angstauslösenden Situationen einen unsichtbaren Beschützer an ihrer Seite haben – einen Freund, ein Tier oder einen Superhelden.

> EIN JUNGE, der sich davor fürchtete, dass nachts Monster in sein Zimmer eindringen, kam gemeinsam mit seinen Eltern auf die Idee, ein paar Süßigkeiten auf dem Boden zu verteilen, damit die Monster, wenn sie kämen, ihn nicht belästigen, sondern sich an den Süßigkeiten laben, die sie auf dem Boden finden, und dann ihre nächtlichen Erkundungen fortsetzen.

Mut können Kinder sich am besten antrainieren, wenn sie das in kleinen Schritten und unter eigenen Prämissen üben. Ein Kind, das Angst vor Hunden hat, kann z. B. zunächst mit einem Plüschhund kuscheln, dann einen Welpen streicheln und erst allmählich dazu übergehen, sich von größeren Hunden beschnuppern zu lassen. Ebenso kann ein Kind mit Angst vor Spinnen seinen Spinnenmut entwickeln, indem es zunächst über Spinnen liest, dann Bilder und schließlich Videos von Spinnen anschaut und so weiter, bis es allmählich in der Lage ist, echte Bekanntschaft mit lebenden Spinnen zu machen.

Aus irgendeinem Grund ist es für Kinder leichter, Mut zu entfalten, als Ängste loszuwerden. Wenn Sie mit Ihrem Kind nicht über seine Ängste, sondern über die Entwicklung eines bestimmten Mutes sprechen, kann es sich eher auf das Thema einlassen und kreative Wege finden, wie es sich diesen Mut aneignen und ihn trainieren kann.

In der Geschichte über den 7-jährigen Sascha im vorigen Kapitel (s. S. 71) erfahren Sie mehr über dieses Thema.

Aufmerksamkeitsdefizit-Hyperaktivitätsstörung

Die Aufmerksamkeitsdefizit-Hyperaktivitätsstörung (ADHS) ist keine körperliche Krankheit oder Hirndysfunktion, die sich mit

Labortests oder Gehirnscans nachweisen lässt. Der Begriff bezieht sich vielmehr auf ein Syndrom – eine Konstellation von Verhaltensproblemen wie Konzentrationsstörungen, Schwierigkeiten bei der Impulskontrolle und Handlungsplanung, gepaart mit Zappeligkeit und Hyperaktivität. Die Diagnose ist ein zweischneidiges Schwert; sie hat sowohl positive als auch negative Konsequenzen. Zu den positiven Aspekten gehören:

- Die eventuellen Schuldgefühle der Eltern in Bezug auf die Probleme ihres Kindes können nachlassen.
- Das Kind erfährt möglicherweise mehr Verständnis und Unterstützung in der Schule.
- Das Kind kann stimulierende Medikamente bekommen, die seine Aufmerksamkeitsspanne verbessern und die Impulsivität kurzfristig verringern können.
- Das Kind fühlt sich möglicherweise selbst besser, wenn ihm bewusst ist, dass es eine legitime medizinische Ursache für seine Schwierigkeiten gibt.

Negative Folgen der Diagnose ADHS sind unter anderem:

- Stimulanzien haben Nebenwirkungen und bringen entgegen der landläufigen Meinung langfristig keinen Nutzen.
- Die Diagnose und die daraus resultierende Verabreichung von Stimulanzien verringert das Interesse der Eltern und Erzieher daran, nichtmedikamentöse Methoden, die dem Kind helfen könnten, zu entwickeln und auszuprobieren.
- Das Kind übernimmt die falsche Hypothese, dass mit seinem Gehirn etwas nicht stimmt und dass es unmöglich lernen kann, sein eigenes Verhalten zu kontrollieren.
- Die Eltern des Kindes werden mit der Zeit abhängig von professioneller Hilfe durch Experten.

Wenn Ihr Kind die Diagnose ADHS bekommen hat und Sie es im Sinne des Fähigkeitsdenkens unterstützen wollen, ignorieren Sie die Diagnose und konzentrieren Sie sich stattdessen auf die konkreten Schwierigkeiten Ihres Kindes. Listen Sie diese auf einem Blatt Papier auf, betrachten Sie sie als separate Probleme, die nichts miteinander zu tun haben, und wandeln Sie jedes einzelne davon in eine Fähigkeit um, in der Ihr Kind noch Entwicklungspotenzial hat.

Mit anderen Worten: Helfen Sie dem Kind mit einer ADHS-Diagnose genau so, wie Sie ihm helfen würden, wenn es keine solche Diagnose erhalten hätte. Sprechen Sie mit ihm darüber, welche Fähigkeiten es besser beherrschen sollte, um sich das Leben leichter zu machen, und in der Schule und bei Hobbys mehr Erfolgserlebnisse zu haben. Wenn Sie mit einer Fähigkeit beginnen, die Ihr Kind gerne lernen möchte – z. B. Misserfolge zu akzeptieren oder sein Zimmer aufzuräumen –, helfen Sie ihm dabei, ein Projekt zur Entwicklung dieser Fähigkeit zu starten.

Kinder mit einer ADHS-Diagnose haben in der Regel mehrere Herausforderungen – wenn es also an mehreren Punkten Verbesserungsbedarf gibt, ist es klug, die anspruchsvolleren Fähigkeiten auf der Warteliste zu lassen und eher mit einer leichteren Aufgabe zu beginnen – einer Fähigkeit, zu der Ihr Kind motiviert ist und in der es wahrscheinlich schnell Fortschritte macht. Sobald es erst einmal eine Fähigkeit erfolgreich erlernt hat, steigt sein Interesse, sich auch noch weitere anzueignen, von denen es profitieren würde.

Um mehr über die Anwendung des Fähigkeitsdenkens bei Kindern mit einer ADHS-Diagnose zu erfahren, lesen Sie die Geschichten des 8-jährigen Adam (s. S. 77) und der beiden 12-jährigen Kinder Finn und Sara (s. S. 86 u. 88) im vorigen Kapitel.

Beißen

Mit »Beißen« meine ich hier, dass ein Kind im Alter von über 3 Jahren anfallsartig plötzlich andere Menschen – seien es Kinder oder Erwachsene – ohne ersichtlichen Grund beißt (bzw. auch kneift oder schlägt). Das Verhalten des Kindes ist irritierend, weil es scheinbar grundlos und ganz unvermittelt auftritt und keine sonstigen Zeichen von Wut oder Aggression zeigt.

Als eine gute Freundin mich vor Jahren wegen des hartnäckigen Beißverhaltens ihres 2-jährigen Sohnes konsultierte, recherchierte ich zu diesem Thema und stieß auf einen interessanten Ansatz zum Umgang mit diesem Phänomen; er stammte von Verfechtern der adlerschen Kindererziehung, einem pädagogischen Konzept, das auf den Theorien des österreichischen Psychiaters Alfred Adler beruht und das eine der Inspirationen für die Entwicklung des hier vorgestellten Kompetenzansatzes war.

Bei dieser Vorgehensweise sagt ein Elternteil zu dem beißenden Kind: »Oh, du willst also das Beißspiel spielen?« Wenn das Kind »Ja« sagt, beginnt der Erwachsene ein Spielchen, bei dem er das Kind auffordert, ihn ganz sanft in den Arm zu beißen. Dann erwidert er den Biss und beißt das Kind so sanft in den Arm, wie das Kind gebissen hat. Als Nächstes bittet er das Kind, erneut zuzubeißen, aber diesmal ein kleines bisschen fester, und wieder erwidert er den Biss auch ein wenig fester. Das wird immer weiter intensiviert, bis das Beißen dem Kind so wehtut, dass es das Spiel abbrechen will. Mithilfe dieses Beißspiels begreift es schnell, dass Beißen wehtut und nicht lustig ist. Es ist aber zu betonen, dass es wirklich ein Spiel sein soll, nicht eine Art der Bestrafung für das Kind. Das Ziel des Beißspiels ist es, dass das Kind lernen kann, wie sich Beißen anfühlt und wie es Menschen beeinflusst, ohne dass es dabei geschimpft und zurechtgewiesen wird.

Bestrafung

Alle Kinder verstoßen manchmal gegen Regeln und Anordnungen und tun etwas, das falsch oder verboten ist – z.B. stehlen, lügen, Dinge kaputt machen, ihre Klassenkameraden schikanieren, anderen wehtun, Lehrer beschimpfen usw. Bei solchen Regelverstößen halten es die Erwachsenen meist für ihre Aufgabe, das Kind zu tadeln und zu bestrafen, damit es auch wirklich versteht, dass das falsch war, und es so etwas nicht wieder tun wird.

Bestrafung ist jedoch nicht die einzige Möglichkeit, Kindern den Unterschied zwischen richtig und falsch beizubringen. Manchmal verschlimmert eine Strafe das inakzeptable Verhalten des Kindes eher, als dass sie dem entgegenwirkt. Glücklicherweise gibt es neben Strafen noch andere Möglichkeiten, um das Kind davon abzuhalten, so etwas noch einmal zu tun. Eine Methode dazu habe ich zusammen mit meinen Kollegen entwickelt, wir nennen sie *Stufen der Verantwortung*. Dabei reden Sie mit Ihrem Kind darüber, was passiert ist, und helfen ihm,

1. offen darüber zu sprechen, was es getan hat
2. zu verstehen, warum es falsch war, das zu tun
3. zu überlegen, wie es sich dafür entschuldigen könnte
4. zu überlegen, wie es das Fehlverhalten wiedergutmachen kann
5. darüber nachzudenken, wie man sicherstellen kann, dass es nie wieder etwas Ähnliches tun wird, und
6. in Erwägung zu ziehen, dass es auf andere Kinder einwirkt, damit auch diese von einem ähnlichen Verhalten Abstand nehmen.

Es kann hilfreich sein, die Sache so zu betrachten, dass Ihr Kind nicht aus Gemeinheit gegen Regeln verstößt, sondern weil ihm eine Fähigkeit fehlt, die es braucht, um auf dem richtigen Weg zu bleiben. Wenn Ihr Kind z. B. die schlechte Angewohnheit hat, in wütender Verfassung andere Kinder zu schlagen, müssen Sie nicht meinen, dass es einen schlechten Charakter hat. Stattdessen könnten Sie es so sehen, dass es ihm an einer Fähigkeit mangelt, die es davon abhalten würde, andere Kinder zu schlagen. Diese Fähigkeit könnte z. B. lauten, »sich bei dem Kind, das man verletzt hat, zu entschuldigen« oder »seine Wut in Worte zu fassen« oder »sich in Situationen zu beruhigen, in denen man wütend ist und Gefahr läuft, andere zu schlagen«.

Weitere Informationen zu diesem Thema finden Sie auf der Kids'-Skills-Website unter www.kidsskills.org/German/verantwortung. Auf dieser Website finden Sie auch ein interessantes Tool, das jungen Menschen hilft, gut durchdachte Entschuldigungsbriefe zu verfassen: www.kidsskills.org/english/responsiblity/sorry_letter_ger/.

Bildschirmnutzung

Eltern machen sich oft Gedanken darüber, wie viel Zeit sie ihren Kindern mit dem Handy gewähren sollen. Wenn sie überhaupt keine Grenzen setzen, kann es sein, dass die Kinder stundenlang am Smartphone hängen. Wenn Eltern andererseits versuchen, die

Bildschirmzeit zu begrenzen, werden sie sich wundern, wie weit die Kinder im Kampf um die Kontrolle über ihre Handys gehen. Die Bildschirmzeit ist derzeit eines der Top-Gesprächsthemen unter Eltern weltweit.

Ich habe keine Meinung dazu, wie viel Zeit an ihren Geräten man Kindern in den verschiedenen Altersstufen zugestehen sollte. Stattdessen kann ich Sie an einige Grundsätze erinnern, die Sie im Hinterkopf behalten sollten, wenn Sie möchten, dass Ihr Kind eine Aktivität beendet, die es fesselnd findet. Erstens ist es in der Regel einfacher, das Kind dazu zu motivieren, etwas anderes zu tun, als es zu überreden, dass es etwas aufgibt, was es sehr gerne tut. Aus diesem Grund ist es vielleicht klüger, wenn Sie nicht versuchen, die Zeit zu reduzieren, die das Kind vor dem Bildschirm verbringen darf, sondern die Zeitspanne zu vergrößern, die das Kind für andere erwünschtere Aktivitäten wie das Treffen mit Freunden, kreative Spiele, Hausaufgaben, tägliche Pflichten, Sport, Lernen usw. nutzt. Wenn Sie möchten, dass Ihr Kind weniger Zeit mit seinem Handy oder Videospielen verbringt, haben Sie so vielleicht eher Erfolg: Versuchen Sie nicht, Ihr Kind von den Videospielen abzubringen, sondern denken Sie darüber nach, wie Sie Ihr Kind motivieren können, dass es z. B. für die Hausaufgaben mehr Zeit einplant.

Äußern Sie Ihren Wunsch, dass es den Hausaufgaben (oder dem, was Sie für wichtig halten) mehr Zeit widmet, und zeigen Sie Verständnis:

> »Ich verstehe sehr gut, dass du lieber Videospiele spielst, als deine Hausaufgaben zu machen, aber es ist meine Pflicht, dafür zu sorgen, dass du deine Aufgaben sorgfältig erledigst. Was schlägst du vor? Wie können wir hinbekommen, dass du zuerst deine Hausaufgaben machst und erst dann mit dem Spielen anfängst, wenn die Aufgaben erledigt sind? Wie könntest du das machen, und wie kann ich dir dabei helfen?«

Sie sollten mit Ihrem Kind auch eine Vereinbarung darüber treffen, wie Sie es bei Bedarf daran erinnern sollen, in welcher Reihenfolge es die Dinge erledigen soll:

»Angenommen, ich sehe, wie du mit einem Videospiel beschäftigt bist, und muss dich daran erinnern, dass du zuerst deine Hausaufgaben machen sollst: Wie soll ich das machen? Ich will nicht, dass das dann wie Meckern klingt. Ich möchte es auf eine nette Art machen. Was wäre eine angenehme Art, dich daran zu erinnern?«

Ein **VATER VON ZWEI KINDERN** erzählte mir, dass in seiner Familie die Bildschirmzeit nie Konfliktstoff gewesen sei. Ich fragte ihn, wie sie das in ihrer Familie gelöst hätten.

Er sagte: »Wir haben feste Regeln eingeführt, wie unsere Kinder ihre Zeit nutzen – sie haben Pflichten und sie haben freie Zeit. Wir sorgen dafür, dass sie ihre Pflichten erfüllen, und wenn sie Freizeit haben, können sie die nutzen, wie sie wollen. Wenn sie ihre gesamte Freizeit für Videospiele und Ähnliches nutzen wollen, ist das ihre Sache und geht uns nichts an. Dieses Prinzip hat sich in unserer Familie bewährt, und auch, wenn sie in ihrer Freizeit die Geräte so viel nutzen dürfen, wie sie wollen, verbringen sie normalerweise nicht die ganze Zeit vor dem Bildschirm.«

Lesen Sie die Geschichte über den 14-jährigen Simon im vorigen Kapitel (s. S. 93) darüber, wie man sich mit dem Fähigkeitsansatz dem schwierigen Thema der Bildschirmzeit annähern kann.

Bipolare Störung

Die Diagnose einer bipolaren Störung, die man früher manisch-depressive Erkrankung genannt hat, wurde ursprünglich nur bei Erwachsenen, nicht aber bei Kindern gestellt. Die Idee, dass auch Kinder eine manisch-depressive Erkrankung entwickeln können, kam 1969 in Schweden auf, aber die wirkliche Wende, dass man diese Diagnose auch Kindern zuschrieb, erfolgte 1995 in den USA mit der Veröffentlichung des Artikels »Paediatric-onset bipolar disorder: A neglected clinical and public health problem«. Die bipolare Störung im Kindes- und Jugendalter ist eine sehr umstrittene Diagnose. In den USA, wo die Kinderpsychiatrie sehr medikamentenaffin ist, ist die Zahl der Kinder mit dieser Diagnose in den letzten Jahrzehnten sprunghaft angestiegen, und heutzutage ist es dort nicht ungewöhnlich, dass sogar Kleinkinder diese Störung attestiert bekommen. Europäische Kinder- und Jugendpsychiater sind mit dieser

Zuschreibung bei Kindern sehr viel zurückhaltender geworden. Auch in den USA hat man versucht, die inflationäre Verwendung dieser Diagnose und die daraus resultierende Medikation von Kindern einzudämmen. Die bipolare Störung im Kindes- und Jugendalter wurde wieder aus dem DSM-5 (dem offiziellen Klassifikationssystem für psychiatrische Erkrankungen in den USA) gestrichen, und die Ärzte wurden angewiesen, Kinder stattdessen mit anderen Diagnosen zu versehen. Eine beliebte Ersatzbezeichnung ist der neu geschaffene Begriff »affektive Dysregulation« oder auch »disruptive Affektregulationsstörung«.

Der Hauptgrund, warum die Diagnose umstritten ist, liegt darin, dass die Definition so weitgefasst und vage ist, dass fast jedes Kind mit schnellen Stimmungsschwankungen oder häufigen Wutanfällen darunterfallen könnte. Kritikern zufolge ist die bipolare Störung im Kindes- und Jugendalter nichts anderes als ein Etikett, das völlig aus der Luft gegriffen ist und mit massiver Unterstützung der Pharmaindustrie vermarktet wurde – ein Etikett, das dazu dient, die Verschreibung von antipsychotischen Mitteln und anderen Psychopharmaka an Kinder zu rechtfertigen.

Unabhängig davon, ob Ihr Kind diese zweifelhafte Diagnose erhalten hat oder nicht, können Sie ihm helfen, seine intensiven Emotionen mithilfe des Fähigkeitsdenkens besser im Zaum zu halten. Die Diagnose einer bipolaren Störung sagt nichts darüber aus, welche spezifischen Dinge dem Kind das Leben schwer machen, aber man kann davon ausgehen, dass ein Kind mit dieser Diagnose unter Wutanfällen und schnellen Stimmungsschwankungen leidet. Dies sind Probleme, die man mit dem Fähigkeitsansatz gut angehen kann – unabhängig von der Diagnose. Wenn Ihr Kind häufige Wutausbrüche hat, sollten Sie ihm zunächst helfen, diese Hürde zu bewältigen. Anleitungen dazu finden Sie in diesem Kapitel im Abschnitt »Wutanfälle«. Sobald Ihr Kind seine Ausraster in den Griff bekommen hat, ist es wahrscheinlich interessiert und motiviert, die gleiche Methode anzuwenden, um auch seine Stimmungsschwankungen besser zu kontrollieren.

Dazwischenreden

Hier geht es darum, dass ein Kind nicht die Geduld hat zu warten, bis es an der Reihe ist zu reden, und stattdessen ständig andere unterbricht. Zu Hause wird diese Neigung des Kindes vielleicht gar nicht als Problem empfunden, aber in der Schule fällt das Unterbrechen der Lehrer und auch der Klassenkameraden sehr unangenehm auf und stört den Unterricht. Denn in der Schule sollten die Kinder eigentlich in der Lage sein, ihren Drang zu kontrollieren, die eigenen Gedanken und Ideen herauszuposaunen. Sie sollten durch ein Handzeichen um Erlaubnis bitten, etwas zu sagen, und geduldig warten, bis sie dran sind.

Viele denken, das Dazwischenreden sei ein Indiz dafür, dass diese Kinder die Aufmerksamkeit auf sich lenken wollen und daran gewöhnt sind, zu Hause im Mittelpunkt zu stehen. Das mag stimmen, aber ein kompetenzorientierter Ansatz kann besser geeignet sein, das Problem zu lösen. Bei der Anwendung des Fähigkeitsdenkens konzentrieren Sie sich nicht darauf herauszufinden, warum Ihr Kind andere unterbricht, sondern darauf, welche Fähigkeiten es braucht, damit sich diese schlechte Angewohnheit auswachsen kann. Hierzu gehören unter anderem:

- die Fähigkeit, durch Mimik oder Gestik zu signalisieren, dass man etwas sagen möchte
- die Fähigkeit, eine andere Person ausreden zu lassen
- die Fähigkeit zu warten, bis die andere Person signalisiert, dass man jetzt an der Reihe ist und sprechen darf
- die Fähigkeit, das, was man sagen will, im Kopf zu behalten, bis man die Gelegenheit dazu hat.

Anderen Menschen zuzuhören, ohne sie zu unterbrechen, ist für uns alle eine wichtige Lebenskompetenz. Die meisten Kinder lernen das nicht von allein, wenn sie nicht dazu angehalten werden. Wenn Ihr Kind die Neigung hat, ständig dazwischenzureden, können Sie ihm helfen, sich dies abzugewöhnen und besser zuzuhören. Beginnen Sie mit der Bitte, der Fähigkeit, besser zuzuhören, einen Namen zu geben, z. B. »Alle mal herhören!« oder »Erst zuhören –

dann reden!«. Sobald die Fähigkeit einen Namen hat, können Sie sich gemeinsam lustige Methoden zum Einüben ausdenken.

Ein wichtiger Teil des Lernprozesses besteht darin, mit Ihrem Kind zu vereinbaren, wie Sie und auch andere Personen es auf freundliche Weise an die Fähigkeit erinnern sollen, wenn es mal nicht daran denkt und wieder anfängt, dazwischenzureden. Vergessen Sie nicht, Ihr Kind jedes Mal zu loben, wenn es ihm gelingt, Ihnen zu signalisieren, dass es etwas sagen möchte, und dann geduldig warten kann, bis Sie ihm ein Zeichen geben. Wenn Ihr Kind Schwierigkeiten hat, sich auf die wechselseitige Kommunikation einzulassen, können Sie sich die Methode des »Redestabs« zunutze machen. Diese leitet sich aus einer indigenen Gesprächspraxis ab, bei der nur die Person, die den Stab in der Hand hält, sprechen darf und die nächste Person, die etwas sagen möchte, erst um den Stab bitten muss.

Erfahren Sie mehr über dieses Thema in der Geschichte über die 12-jährige Sara (s. S. 88) im vorigen Kapitel.

Depression

In den 1980er-Jahren kam in der Kinder- und Jugendpsychiatrie die neue Erkenntnis auf, dass nicht nur Erwachsene, sondern auch Kinder an manifesten Depressionen leiden können. Wenn Sie in Büchern oder im Internet über Depressionen bei Kindern lesen, werden Sie feststellen, dass die Experten immer darauf hinweisen, es gebe unterschiedliche Formen bei Kindern und Erwachsenen. Niedergeschlagenheit und Hoffnungslosigkeit – bei Erwachsenen die vorherrschenden Merkmale der Depression – stehen bei Kindern nicht unbedingt im Vordergrund. Es sind eher Überempfindlichkeit, gesteigerte Selbstkritik, Reizbarkeit und schnelle Stimmungsschwankungen. Wenn man liest, was Fachleute über Depressionen bei Kindern schreiben, hat man den Eindruck: Der Begriff ist so weit gefasst, dass die Diagnose auf fast jedes Kind mit psychischen Problemen passen könnte.

Depressionen und Medikamente gehen Hand in Hand. Wenn der Kinderpsychiater bei einem Kind eine Depression diagnostiziert, ist es mehr als wahrscheinlich, dass er ihm auch ein Antidepressivum verschreibt. Die Zahl der Minderjährigen, die Antidepressiva einnehmen, ist in der gesamten westlichen Welt sprunghaft angestiegen. Dieser Trend ist nicht nur deshalb problematisch, weil solche Medikamente viele unangenehme Nebenwirkungen haben, sondern auch, weil das Interesse an der Beeinflussung kindlicher Lebensqualität ins Hintertreffen gerät, wenn man sich in der Behandlung auf Medikamente konzentriert und bei der Suche nach dem geeigneten Mittel und der richtigen Dosierung die Belange des Kindes aus den Augen verliert.

Ich persönlich bin der Meinung, dass wir das Wort »Depression« bei Kindern bewusst vermeiden und stattdessen Begriffe aus der Alltagssprache verwenden sollten, wie *unglücklich*, *niedergeschlagen*, *traurig*, *mutlos*, *hoffnungslos* oder sogar *selbstzerstörerisch*. Medizinische Fachwörter wie Depression lassen uns an Krankheit, Störung und Fehlfunktion des Gehirns denken, während im Alltag gebräuchliche Wörter unser Denken eher auf natürliche Ursachen wie Verluste, Enttäuschungen und schmerzhafte Erfahrungen lenken.

Wenn ich vor Fachleuten spreche, schlage ich oft mit einem Augenzwinkern vor, dass wir unglücklichen Kindern statt der Diagnose Depression vielleicht lieber das Etikett »FHSV« verpassen sollten. Ich lasse den Zuhörern einen Moment Zeit zum Grübeln, was das Akronym bedeuten könnte, bevor ich auflöse, dass es sich aus den Anfangsbuchstaben der Worte »Freude hat sich versteckt« zusammensetzt. Meine selbst erfundene FHSV-Diagnose soll vermitteln, dass dem Kind wahrscheinlich etwas Schlimmes passiert ist oder vielleicht noch immer passiert, was erklärt, warum es sich so fühlt, wie es sich fühlt, und warum es vorübergehend seine Fähigkeit verloren hat, das Leben zu genießen. FHSV ist eine alternative Diagnose, die alle Menschen, die sich um das Kind kümmern, dazu bringen kann, darüber nachzudenken, wie sie dem Kind am besten helfen können, damit es seine verlorene Lebensfreude wiedererlangt.

Die Fähigkeit, das Leben zu genießen, ist in unseren Genen kodiert und unter normalen Bedingungen eine angeborene Gabe, die wir nicht erlernen müssen. Dennoch ist sie etwas, das jeder von uns – Erwachsene wie Kinder – unter bestimmten Umständen vorübergehend verlieren kann. Und egal, warum wir sie verloren haben:

Wir können sie mithilfe anderer Menschen immer wieder neu entdecken.

Einkoten

Unter Einkoten oder *Enkopresis* versteht man, dass ein gesundes Kind im Alter von über 4 Jahren immer wieder in die Hose macht, weil es sich weigert, auf die Toilette zu gehen. Das Kind hält so lange durch, bis der Druck zu groß wird und der stinkende Kot schließlich in die Hose geht. Manchmal hat das Problem mit schmerzhaftem Stuhlgang infolge Verstopfung begonnen, aber meistens bleibt die Ursache für dieses seltsame Problem unklar.

Fachleute sind oft der Meinung, dass man dem Kind nur helfen kann, wenn man herausfindet, warum es einkotet und sich weigert, auf die Toilette zu gehen. Das ist leichter gesagt als getan. Das Kind weiß nicht, warum es nicht aufs Klo gehen will. Es gibt viele Theorien, aber die Fachleute sind sich nicht einig, welche richtig ist. Es wäre vielleicht sinnvoller zu fragen: »Welche Fähigkeit sollte das Kind erlernen, damit es nicht mehr einkotet?« Eine mögliche Antwort lautet, dass es lernen muss, »regelmäßig auf die Toilette zu gehen«, oder vielleicht in einigen Fällen auch, den »Mut aufzubringen, aufs Klo zu gehen«. Was auch immer das Kind lernen muss: Es lässt sich sicher ein lustiger und fantasievoller Weg finden, wie es das üben kann.

Der inzwischen verstorbene australische Familientherapeut Michael White beschrieb in den 1980er-Jahren einen kreativen Ansatz, um Kindern mit Enkopresis zu helfen – er wurde als »Sneaky Poo«-Methode bekannt. White erklärte dem Kind und seinen Eltern, dass das Einkoten weder die Schuld der Eltern noch die des Kindes sei. Vielmehr sei die Ursache Sneaky Poo, ein kleines, fieses Wesen, das den Kot des Kindes in die Hose katapultiert. Die Idee ist, das Kind und seine Eltern dazu zu bringen, dass sie das Problem in einem neuen Licht sehen – nicht als eine ernsthafte psychische Störung (wie Experten uns glauben machen), sondern als die Eskapaden des Sneaky Poo. Sobald alle Beteiligten auf derselben Seite stehen, lässt sich ein Therapieprogramm erstellen, das darauf abzielt, dem Sneaky Poo zu widerstehen und ihn zum Teufel zu jagen.

Die Familie wird aufgefordert, darüber nachzudenken, was Sneaky Poo an Kindern gerne mag und was ihm gar nicht gefällt. In der Regel kommt die Familie bald zu dem Schluss, dass zu den Dingen, die Sneaky Poo nicht mag, gehört, dass die Kinder regelmäßig aufs Klo gehen. Diese Beobachtung führt zu der Taktik, gegen Sneaky Poo Widerstand zu leisten, indem man absichtlich regelmäßig auf die Toilette geht und dort eine gewisse Zeit lang sitzen bleibt.

Eine weitere Möglichkeit, sich gegen Sneaky Poo zu wehren, besteht darin, dass das Kind ein Wettrennen mit ihm veranstaltet. In der Familientherapiesitzung bittet der Therapeut die Familie, eine Karte vom Wohnhaus des Kindes und seiner Umgebung zu skizzieren. Wenn der Lageplan fertig ist, zeigt das Kind auf die Orte, an denen Sneaky Poo normalerweise angreift. In der nächsten Woche organisiert die Familie ein Rennen, bei dem das Kind von den verschiedenen auf der Karte markierten Orten, an denen es von Sneaky Poo attackiert worden ist, zur Toilette rennt – mit dem Ziel, schneller als Sneaky Poo zu sein. Einer der Eltern ist für das richtige Renn-Outfit des Kindes verantwortlich – in der Regel das Kostüm eines Superhelden, für den das Kind schwärmt –, während der andere Elternteil die Laufzeit mit einer Stoppuhr misst.

Es gab ein interessantes Detail in den Sneaky-Poo-Berichten, das mich aufhorchen ließ. Manchmal kam die Familie zur nächsten Sitzung zurück und berichtete White, dass es einen Rückschlag gegeben hatte; der Sneaky-Poo-Ansatz hatte zunächst Wunder bewirkt, aber dann war das Problem nach einer Weile wieder aufgetreten. White ging mit solchen Situationen sehr kreativ um. Er sagte:

> »Oh, das ist meine Schuld. Ich habe vergessen, dir von den Tigern zu erzählen. Wenn Sneaky Poo merkt, dass das Kind genug hat und entschlossen ist, ihn wegzuschicken, fängt er oft an, sich zu wehren. Und dann braucht man Tiger, die einem helfen. Weißt du, Sneaky Poo hat vor kaum etwas Angst, aber vor Tigern sehr!«

Diese zusätzlichen Informationen konnten die Kinder sich gleich zunutze machen. Sie malten z. B. Bilder von Tigern, klebten Tigerfotos auf die Toilettenwände oder besorgten sich einen ausgestopften Tiger als besonderen Helfer. Ich fand Whites Idee, Tiger als

Helfer zu rekrutieren, so clever, dass ich sie in den hier beschriebenen Fähigkeitsansatz integriert habe. Die von White entwickelte Methode Sneaky Poo war revolutionär. Er zeigte zweifelsfrei, dass selbst Probleme, die normalerweise als schwerwiegende psychische Störungen gelten, sich mit einem spielerischen Ansatz erfolgreich behandeln lassen, bei dem die Eltern eine aktive Rolle bei der Überwindung des Problems spielen.

Wenn das Kind unter Einkoten leidet, sollten Sie nicht zu sehr darauf achten, was die »Experten« glauben, sondern stattdessen lieber das Fähigkeitsdenken anwenden. Gehen Sie davon aus, dass es lediglich ein Zeichen dafür ist, dass Ihr Kind die Fähigkeit, regelmäßig auf die Toilette zu gehen, *noch nicht* erworben hat. Lassen Sie Ihr Kind einen passenden Namen für die »Toilettenfertigkeit« finden und unterstützen Sie es beim Erlernen dieser Kompetenz durch gezieltes Üben in Form eines lustigen Spiels.

Wenn Ihr Kind aus irgendeinem Grund das Gefühl hat, dass das regelmäßige Sitzen auf der Toilette ein zu großer Schritt ist, können Sie ihm helfen, sich kleinere Meilensteine zu setzen. Ihr Kind kann das Projekt damit beginnen, dass es etwas anderes tut, was Sneaky Poo wahrscheinlich nicht mag – z. B. lernen, sich selbst um »Missgeschicke« zu kümmern. Es kann sein Projekt damit beginnen, dass es zuerst lernt, seine verdreckten Anziehsachen nach dem Malheur auszuziehen, sie direkt in die Waschmaschine zu stecken, sich zu waschen und schließlich saubere Sachen anzuziehen – ganz allein, ohne die Hilfe der Eltern. Sicherlich mag Sneaky Poo nicht, dass Kinder solche Stärken entwickeln!

Mehr über dieses Thema lesen Sie in der Geschichte über den 5-jährigen Jasper im vorherigen Kapitel (s. S. 67).

Einnässen

Einnässen am Tag

Einnässen am Tag oder *Enuresis diurna*, wie es im medizinischen Fachjargon heißt, bedeutet, dass ein ansonsten gesundes Kind, das dem Alter nach bereits gelernt haben sollte, die Blasenentleerung zu kontrollieren, mindestens einmal, oft aber auch mehrmals am Tag in die Hose macht. Wenn Sie versuchen, das Problem in den Griff zu bekommen, indem Sie Ihr Kind tagsüber eine Windel tragen lassen, kann sich der Prozess des Trockenwerdens in die Länge ziehen. Es ist besser herauszufinden, welche Fähigkeit das Kind braucht, damit es tagsüber nicht in die Hose macht.

In einer Kindertagesstätte gab es einen **3-JÄHRIGEN HYPERAKTIVEN JUNGEN**, der täglich in die Hose pinkelte, an manchen Tagen sogar mehrmals. Nach Aussagen der Erzieherinnen war er so hibbelig, dass er einfach nicht mitbekam, ob er aus Klo muss, und deshalb nicht im Entferntesten daran dachte, seine Aktivitäten zu unterbrechen und auf die Toilette zu gehen. Als die Erzieherinnen überlegten, welche Fähigkeiten der Junge brauchte, um nicht in die Hose zu machen, kamen sie zu dem Schluss, dass er lernen sollte, »ab und zu innezuhalten und in seinen Körper reinzuhorchen«. Eine Mitarbeiterin erklärte es ihm genau und schlug vor, dass sie ihm mehrmals am Tag ein Zeichen geben würde, das bedeutete, dass er kurz anhalten und auf seinen Körper hören sollte. Er sollte ein paar Sekunden stillstehen, um zu spüren, ob er den Drang hatte zu pinkeln oder nicht. Wenn er das Gefühl hatte, dass er aufs Klo muss, und sei es auch nur ein bisschen, sollte er gehen, und wenn er keinen Druck auf der Blase hatte, konnte er wieder zurück und mit dem weitermachen, was er gerade unterbrochen hatte.

Der Junge konnte sich mit der Idee anfreunden, und es entstand ein Spiel, das ihm das Einüben dieser Fähigkeit erleichtern sollte. Dabei sollte er auf das Zeichen der Erzieherinnen hin ins Bad gehen, vor der Toilettenschüssel stehen bleiben und diese fragen: »Brauchst du mein Pipi?« Dann sollte er abwarten, was die Toilette ihm antwortet. Wenn sie »Nein, jetzt grad nicht« sagte, konnte er zurückgehen und weiterspielen, aber wenn sie antwortete: »Ja bitte, ich brauche ein bisschen Pipi«, sollte der Junge die Hose runterlassen und seinen Pipi-Vorrat in die Toilette entleeren. Er hatte Spaß an diesem Spiel und lernte schnell, seine Blase zu kontrollieren.

Eine ältere Dame erzählte mir, dass es ihr gelungen war, **IHRER ENKELIN** beizubringen, trocken zu werden, als sie das Mädchen während eines einwöchigen Urlaubs der Eltern betreute. Die Großmutter hatte die Leistengegend einer Puppe nass gemacht und zu dem Mädchen gesagt: »Sieh mal, meine Liebe, die Puppe hat in die Hose gemacht. Sollen wir ihr beibringen, aufs Töpfchen zu gehen?« Das Mädchen stimmte bereitwillig zu, und die beiden brachten der Puppe mit vereinten Kräften bei, wie man auf dem Töpfchen sitzt.

»Wie merkt die Puppe, dass sie mal muss?« – »Was soll die Puppe tun, wenn sie merkt, dass sie aufs Klo muss?« – »Wie lange soll sie auf dem Töpfchen sitzen?« – »Wie soll die Puppe abgetrocknet werden, nachdem sie auf dem Töpfchen war?« Während die Puppe Schritt für Schritt das Töpfchentraining durchlief, eignete sich auch das Mädchen selbst diese Fähigkeit an. Als die Eltern aus dem Urlaub zurückkehrten, erzählte sie ihnen stolz, dass sie tagsüber keine Windel mehr brauchte, weil sie gelernt hatte, aufs Töpfchen zu gehen.

Lesen Sie dazu auch die Geschichte über den 6-jährigen Ole im vorherigen Kapitel (s. S. 68).

Bettnässen

Bettnässen bedeutet, dass das Kind im Schlaf ins Bett macht, obwohl es bereits alt genug wäre, um die ganze Nacht trocken zu bleiben. Über Nacht trocken zu bleiben ist eine physiologische Fähigkeit, die Kinder in der Regel im Alter von 3 oder 4 Jahren erlernen, aber bei manchen Kindern dauert es – aus unbekannten Gründen – noch weitere Jahre, bis sie so weit sind. Glücklicherweise ist die nächtliche Blasenkontrolle eine Fähigkeit, die Kinder bewusst üben und erlernen können.

Die Faustregel beim Umgang mit Kindern, die unter Bettnässen leiden, lautet, sich nicht darauf zu konzentrieren, dass das Einnässen seltener wird, sondern darauf, dass es zunehmend mehr trockene Nächte werden. Sie können einen Kalender ins Kinderzimmer hängen und darauf jeden Tag markieren, an dem das Bett morgens trocken ist. Sie können auch im Voraus mit dem Kind vereinbaren, wie Sie es feiern werden, wenn auf dem Kalender eine bestimmte Anzahl von trockenen Nächten erreicht ist.

Es ist wichtig, dem Kind zu erklären, wie die Blase funktioniert. Erläutern Sie ihm mithilfe einer Zeichnung, wie das Gehirn und die Blase durch Nerven verbunden sind. Skizzieren Sie einen Menschen mit dem Gehirn, der Blase im Unterbauch als Urinsammelbehälter und den Nervenbahnen, die die beiden miteinander verbinden. Die Blase sollte eine Art Ventil oder Hahn haben, der durch Signale aus dem Gehirn geöffnet und geschlossen werden kann. Das Gehirn ist dafür verantwortlich, das Ventil zu öffnen, wenn die Person auf die Toilette geht, und das Ventil zu anderen Zeiten, einschließlich nachts, fest geschlossen zu halten. Warum Kinder manchmal ins Bett machen, lässt sich so erklären: Sie schlafen so fest, dass das Gehirn vergisst, der Blase mitzuteilen, dass das Ventil geschlossen bleiben soll.

Wenn das Kind verstanden hat, wie sein Gehirn das Tor der Blase steuert, können Sie besprechen, wie es dem Hirn beibringen kann, den Blasenausgang die ganze Nacht bis zum Morgen geschlossen zu halten. Das Kind kann dies durch eine Form der Selbsthypnose oder Affirmation tun: Vor dem Einschlafen kann es z.B. mit geschlossenen Augen sein Gehirn zur Blase sprechen lassen und dreimal sagen: »Mein liebes Blasenventil, bitte denk daran, die ganze Nacht zuzubleiben. Ich geh dann morgen früh aufs Klo, wenn ich aufwache!«

Fingerlutschen

Finger- und Daumenlutschen ist wahrscheinlich eine der häufigsten schlechten Angewohnheiten von Kindern. Bei Babys ist es unproblematisch, aber ab dem Alter von etwa 3 Jahren wird das Fingerlutschen zum Problem, weil es zur Fehlstellung der Zähne führt. Um ihr Kind vom Fingerlutschen abzubringen, sagen viele Eltern, dass es damit aufhören soll: »Nimm deinen Daumen aus deinem Mund« oder »Lutsch nicht an deinen Fingern!«, »Machst du das schon wieder? Hör auf damit!« oder »Erinnerst du dich nicht daran, was der Zahnarzt gesagt hat?«. Aber wie wir inzwischen alle wissen, funktioniert es in der Regel nicht, Kindern zu sagen, dass sie mit etwas aufhören sollen – es macht die Sache oft nur noch schlimmer.

Der amerikanische Psychiater Milton H. Erickson, der im 20. Jahrhundert sehr einflussreich war und mich besonders inspiriert hat, erzählte die Geschichte, wie er einem Jungen half, sich das Daumenlutschen abzugewöhnen.

Die Eltern des **5-JÄHRIGEN JUNGEN** vereinbarten einen Termin bei Dr. Erickson, weil sie gehört hatten, dass er ein Experte für Hypnose war und schon vielen Patienten, darunter auch zahlreichen Kindern, erfolgreich geholfen hatte. Sie kamen mit ihrem Sohn in sein Sprechzimmer und schilderten ihm das Problem des Jungen. Erickson hörte geduldig zu, wandte sich dann an den Jungen und sagte etwas in der Art von: »Es ist dein Daumen, und niemand kann dir vorschreiben, was du damit tun oder lassen sollst.« Dann bat er darum, mit dem Kind allein zu sprechen, und schickte die Eltern ins Wartezimmer.

Als er mit dem Jungen allein war, unterhielt sich Erickson eine Weile mit ihm über dies und das, über seine Geschwister, Freunde und Hobbys. Dann fragte er ihn, an welchem seiner Daumen er lutsche, an dem linken oder dem rechten. Der Junge zeigte Erickson seinen linken Daumen. »Okay, du lutschst also am linken Daumen«, sagte Erickson. »Was ist mit dem rechten? Lutschst du an deinem rechten Daumen überhaupt nicht?« Erickson überlegte laut, wie sich der rechte Daumen des Jungen wohl fühle, wenn er nie gelutscht wird, während der linke jeden Tag so viel drankommt.

Der Junge war verblüfft über diese ungewöhnliche Sichtweise auf seine schlechte Angewohnheit. So hatte er sein Daumenlutschen noch nie betrachtet – nämlich als eine Form der Aufmerksamkeit, die eigentlich beiden Daumen gleichermaßen zusteht. Nachdem Erickson den Jungen zum Nachdenken gebracht hatte, schlug er ihm vor, weiterhin an seinem Daumen zu lutschen, aber von nun an darauf zu achten, dass beide Daumen gleich viel Zeit abbekommen. Wenn er z. B. eine Minute lang an seinem linken Daumen lutschen würde, müsste er auch eine Minute lang am rechten Daumen lutschen.

Der Junge ließ sich auf den Vorschlag des Arztes ein. In den folgenden Wochen tat er sein Bestes, um sicherzustellen, dass er beide Daumen gleich lang lutschte, doch die Aufgabe erwies sich als so mühsam, dass er das Lutschen schließlich ganz bleiben ließ.

Diese Geschichte verdeutlicht, dass es für Menschen – Kinder wie Erwachsene – leichter ist, schlechte Gewohnheiten aufzugeben, wenn sie sich nicht auf das Loswerden konzentrieren, sondern lediglich versuchen, sie zu ändern. Es mag für ein Kind unmöglich erscheinen, mit dem Daumenlutschen aufzuhören, aber es kann klappen, wenn es zuerst seine Gewohnheit ändert und dann die veränderte Gewohnheit fallen lässt.

> Ich habe einmal eine Mutter und ihre **5-JÄHRIGE TOCHTER** bei einer Fortbildungsveranstaltung beraten. Die Mutter erzählte mir, dass sie ansonsten mit ihrer Tochter zufrieden sei, aber dass es ein Problem gebe: Die Tochter lutschte an ihren Fingern, und der Zahnarzt habe gesagt, es sei wichtig, dass sie damit aufhört. Ich fragte die Mutter, was sie bisher getan hatte, um das Mädchen davon abzubringen. Sie erzählte – wenig überraschend –, dass sie ihr gesagt habe, sie solle ihre Finger aus dem Mund nehmen.
>
> »Hat es geholfen?«, fragte ich.
>
> »Nein, überhaupt nicht«, sagte sie. »Wenn ich ihr sage, dass sie die Finger aus dem Mund nehmen soll, steckt sie sie nur noch tiefer rein.«
>
> Ich behauptete, ich wüsste den Grund dafür. »Es liegt daran, dass Sie noch nicht das Zauberwort gefunden haben«, sagte ich, »das Wort, das bewirken kann, dass die Finger aus dem Mund kommen.«
>
> Meine Behauptung gab dem Gespräch eine neue Richtung, die es auch dem Mädchen ermöglichte, sich daran zu beteiligen. »Wie heißt das Zauberwort, das dir die Finger aus dem Mund zieht?«, fragte ich.
>
> Wir probierten viele lustige Zauberwörter aus, bis wir eines fanden, das dem Mädchen zu gefallen schien. Ich hatte zufällig meine große Handpuppe dabei, also schnappte ich sie mir und setzte sie auf meinen Schoß. Ich schlüpfte mit meiner Hand in die Stoffhand der Puppe und steckte deren Finger in ihren Mund. Dann testeten wir das Zauberwort an meiner Puppe und stellten fest, dass es Wunder wirkte: Die Finger der Puppe glitten jedes Mal schnell aus dem Mund, wenn jemand das Zauberwort sagte.
>
> Am Ende des Beratungsgesprächs schlug ich der Mutter vor, ihrem Mann von unserer Suche nach dem Zauberwort zu erzählen und ihn in ein Projekt einzubinden, bei dem sie sich gemeinsam ein Zauberwort ausdenken, das sie zu Hause verwenden können – es sollte die Tochter daran erinnern, dass sie die Finger aus dem Mund nehmen soll.

Fluchen

Fluchen bedeutet in diesem Zusammenhang, dass das Kind bei Erwachsenen Unmut hervorruft, indem es Schimpfwörter benutzt oder sonst wie durch einen Sprachgebrauch aneckt, der gesellschaftlich inakzeptabel ist.

Wenn Sie das Fähigkeitsdenken anwenden, um gegen die Flucherei vorzugehen, fragen Sie nicht, warum das Kind flucht oder was es mit seinen verbalen Äußerungen erreichen will, sondern konzentrieren Sie sich darauf, eine Fähigkeit zu finden, die dem Kind hilft, auf das Fluchen zu verzichten – unabhängig davon, warum es das tut. Es ist für Kinder leichter, sich die Flucherei abzugewöhnen, wenn man sie statt der Aufforderung, damit aufzuhören, eher bittet, alle benutzten Schimpfwörter durch schönere bzw. weniger schlimme Ausdrücke zu ersetzen.

Sprechen Sie mit Ihrem Kind über das Fluchen und erstellen Sie gemeinsam eine Liste mit originellen Ersatzbegriffen für alle Schimpfwörter, die es benutzt. Das F-Wort lässt sich z. B. durch »Du mich auch!« ersetzen, »Scheiße« durch »Scheibenkleister«, »Hurensohn« durch »Hundesohn« usw. Ich bin sicher, Sie haben das schnell raus. Schlagen Sie Ihrem Kind vor, lieber diese etwas milderen Ausdrücke zu verwenden, und machen Sie daraus ein gemeinsames Projekt, um das Kind zu ermutigen und zu motivieren, diese Fähigkeit zu erlernen. Und bestimmt gibt es noch viele weitere Möglichkeiten, Kindern den Gebrauch von derben Ausdrücken abzugewöhnen.

> Ich sprach mal mit einer Kindergärtnerin, die mir mit einem gewissen Stolz sagte, dass Fluchen in ihrem Kindergarten nie ein Problem gewesen sei. Auf die Frage, wie sie damit umgingen, erzählte sie mir, sie hätten einen Lederbeutel an der Wand hängen, der mit einem Bändel fest verschlossen ist. Wenn eines der Kinder ein Schimpfwort sagt, nimmt die Erzieherin den Beutel von der Wand, löst die Schnur, öffnet ihn und hält ihn neben den Mund des Kindes. Sie bittet das Kind, dieses Schimpfwort noch einmal zu sagen, damit sie es in dem Beutel auffangen kann, wo es hingehört. Wenn das Schimpfwort im Beutel steckt, bindet die Lehrkraft ihn wieder fest zu und hängt ihn an seinen Platz an der Wand.

Lesen Sie dazu auch die Geschichte über den 8-jährigen Adam im vorigen Kapitel *(s. S. 77).*

Gehorsamkeit

Eltern wenden viele Taktiken an, um ihre Kinder dazu zu bringen, zu folgen bzw. ihnen zu gehorchen; zu den gebräuchlichsten gehören die Androhung von Konsequenzen (»Wenn du nicht tust, was ich dir sage, kannst du nicht mehr ...«) und das Versprechen von Belohnungen (»Wenn du tust, was ich sage, bekommst du ...«). Diese beiden weit verbreiteten Erziehungsmethoden sind kurzfristig wirksam, aber das Problem ist, dass sie sich abnutzen, je öfter man sie anwendet. Und nahezu alle Eltern wünschen sich, dass die Kinder ihre Anweisungen befolgen, ohne dass sie Strafen androhen oder Belohnungen versprechen müssen.

Ich denke, es ist weit verbreitet, dass Eltern Ungehorsam bzw. die Weigerung, Aufforderungen oder Regeln Folge zu leisten, als ein Zeichen von Renitenz ansehen. So einfach ist es jedoch nicht, denn Kinder leiden selbst unter ihrem Ungehorsam, auch wenn das nicht gleich ersichtlich ist. Wenn man mit Kindern, die ständig gegen Regeln verstoßen, ein offenes Gespräch führt, stellt sich oft heraus, dass sie eigentlich lernen wollen, besser zu folgen und sich an Regeln zu halten. Sie wissen, dass ihr Leben einfacher und bequemer wäre, wenn sie die Anweisungen der Erwachsenen besser befolgen könnten, aber aus irgendeinem Grund fällt es ihnen schwerer als den meisten anderen Kindern.

Man kann Gehorsam als eine Fähigkeit betrachten, die Kinder lernen können. Sie können das Thema mit Ihrem Kind besprechen und ihm helfen zu erkennen, dass es davon profitieren würde, wenn es lernt, Anweisungen zu befolgen. Wenn nicht mehr jede Aufforderung zu einem heftigen Kampf führt, werden die Dinge reibungsloser ablaufen und die Atmosphäre in der ganzen Familie wird sich verbessern. Helfen Sie Ihrem Kind, einen Namen für diese Fähigkeit zu finden (z. B. »Jawollo«, »Okey dokey« oder »Yes, Sir!«), und denken Sie sich eine Art Spiel aus, bei dem Ihr Kind die Gelegenheit hat, zu üben und sich an das Befolgen von Regeln zu gewöhnen.

»Simon sagt« ist solch ein Spiel, mit dem Kinder Gehorsam üben können. In einer Spielvariante müssen alle Mitspieler die Bewegungen des Spielleiters nachahmen, in einer anderen müssen sie seine Anweisungen nur dann befolgen, wenn er seine Befehle mit den Worten »Simon sagt« einleitet.

Es gibt noch ein anderes lustiges Spiel, um kleineren Kindern Gehorsam beizubringen. Nehmen Sie eine alte Fernbedienung und erlauben Sie Ihrem Kind, Sie damit zu steuern. Das Kind kann z. B. eine Taste drücken und »hinhocken« oder »umdrehen« sagen, während es die Fernbedienung auf Sie richtet. Es wird einen Mordsspaß haben, wenn es Ihr Verhalten mit dieser fingierten Menschenfernbedienung kontrolliert. Wie Sie sich denken können, werden in der nächsten Phase des Spiels die Rollen vertauscht, und Sie sind dran, das Verhalten des Kindes mit der Fernbedienung zu steuern. Durch solche Spiele können Kinder sich leichter daran gewöhnen, den Eltern zu gehorchen – das heißt, die Anweisungen der Eltern ohne Aufhebens zu akzeptieren und zu befolgen. Gleichzeitig können die Kinder erkennen, dass Gehorsamkeit allen Beteiligten nützt und sogar Spaß machen kann.

Geschwisterrivalität

Wenn Sie mehr als ein Kind haben, wissen Sie wahrscheinlich aus Erfahrung, dass Geschwister dazu neigen, sich zu streiten, zu kabbeln und zu wetteifern – bis hin zu körperlichen Auseinandersetzungen. Kinder können in vielerlei Hinsicht gemein zu Geschwistern sein, auch Mobbing ist keine Seltenheit. Sie scheinen sich erstaunlich gut an den ständigen Streit mit ihren Geschwistern zu gewöhnen. Die Eltern hingegen leiden unter den Auseinandersetzungen ihrer Kinder und der Tatsache, dass sie immerzu eingreifen und versuchen müssen, zwischen ihren Sprösslingen zu vermitteln. Der Begriff »Geschwisterrivalität« wird häufig verwendet, wenn es um den andauernden Streit unter Kindern geht. Diese Wortwahl suggeriert, dass das Problem auf Konkurrenz und Eifersucht zwischen Geschwistern beruht. Ich bezweifle, dass diese Erklärung – unabhängig davon, ob sie wahr ist oder nicht – uns hilft, Lösungen zu finden.

Es gibt auch andere mögliche Ursachen für ein solches Verhalten. Aus der Perspektive des Fähigkeitsansatzes ist der ständige Streit zwischen Geschwistern durch einen Mangel an bestimmten Stärken bedingt, die die Geschwister *noch* nicht entwickelt haben – wie z. B. die Fähigkeit, sich umeinander zu kümmern oder freundlich und hilfsbereit zu sein. Geschwisterrivalität als Indiz für fehlende Fähigkeiten zu betrachten kann nützlich sein, weil es leichter ist, Kindern bei der Entwicklung wünschenswerter Verhaltensweisen zu helfen, als zu versuchen, ihnen das unerwünschte Verhalten abzugewöhnen; mit anderen Worten: Es ist einfacher, Freundlichkeit, Toleranz und Hilfsbereitschaft zu kultivieren, als Eifersucht, Neid und Rivalität auszumerzen.

Geschwister werden mit einem ureigenen Bedürfnis und der Fähigkeit geboren, sich gegenseitig zu unterstützen. Diese Fähigkeit kann jedoch manchmal verkümmern, wenn die Kinder nicht genügend Gelegenheiten haben, sie zu üben und zu praktizieren. Die Fähigkeit, Geschwistern zu helfen – also die »Geschwisterfähigkeit« – lässt sich durch Training entwickeln und stärken. Um Geschwisterstreitigkeiten einzudämmen, sollten Sie ihnen nicht die Schuld dafür geben, dass sie sich ständig streiten, sondern sich stattdessen darauf konzentrieren, dass die Kinder die Chance bekommen, ihre »Geschwisterfähigkeiten« zu stärken. Sprechen Sie mit den Kindern über solche geschwisterlichen Kompetenzen und lassen Sie sie mitentscheiden, welche dieser Fähigkeiten sie erlernen möchten, um besser miteinander auszukommen, und was eine gute Art wäre, sie einzuüben.

Im Folgenden habe ich einige Beispiele für Fähigkeiten zum friedlichen Miteinander zusammengestellt, die Sie Ihren Kindern beibringen können:

- *Fürsorge* – die Fähigkeit, sich um ein Geschwisterkind zu kümmern
- *Freundlichkeit* – die Fähigkeit, einen freundlichen Umgang mit seinen Geschwistern zu pflegen
- *Spielvermögen* – die Fähigkeit von Geschwistern, nett miteinander zu spielen

- *Hilfsbereitschaft* – die Fähigkeit, dem Geschwisterkind zu helfen, wenn es Hilfe braucht
- *Zuneigung zeigen* – die Fähigkeit, Geschwistern gegenüber liebevoll zu sein und Zuneigung zu zeigen
- *Dankbarkeit* – die Fähigkeit, sich bei Geschwistern zu bedanken, wenn sie einem etwas geschenkt oder geholfen haben
- *Mut machen* – die Fähigkeit, einem Geschwisterkind Mut zuzusprechen, wenn es neue Fähigkeiten in Angriff nimmt
- *Mentor sein* – die Fähigkeit, dem Geschwisterkind geduldig etwas beizubringen
- *teilen können* – die Fähigkeit, Spielzeug und andere Dinge zu teilen
- *Kompromissbereitschaft* – die Fähigkeit, Konflikte selbstständig zu lösen und Kompromisse auszuhandeln.

Sie können Ihren Kindern z. B. anhand der folgenden Übung helfen, die Fähigkeit der Dankbarkeit zu erlernen. Machen Sie es sich zur Gewohnheit, mit Ihren Kindern beim Abendessen über Erfolge zu sprechen.

- »Samuel, du bist an der Reihe anzufangen. Was hast du heute gemacht, worauf du stolz bist, was dir gelungen ist?«
- »Was ist mit dir, Anton?«

Wenn Ihre Kinder von den heutigen Erfolgserlebnissen erzählt haben, helfen Sie ihnen zu überlegen, wie sie sich gegenseitig danken können.

- »Wir sind alle stolz auf dich, Samuel. Gut gemacht. Danke, dass du das erzählt hast. Wer hat zu deinem Erfolg beigetragen? Wie hat Anton dazu beigetragen? Wofür kannst du ihm danken?«
- »Was ist mit dir, Anton? Welchen Beitrag hat Samuel geleistet? Wofür kannst du dich bei ihm bedanken?«

Es mag Kindern anfangs vielleicht etwas schwerfallen, sich in Bezug auf ihre eigenen Errungenschaften bei anderen zu bedanken, aber mit Ihrer Hilfe werden sie das allmählich lernen – und je mehr sie sich gegenseitig danken, desto weniger streiten sie miteinander.

Glück

Man kann das Phänomen »Glück« als eine Fähigkeit auffassen: nämlich die, Glück zu empfinden. Wenn wir es so sehen, dann ist Glück wahrscheinlich eine umfassende Fähigkeit, die sich aus mehreren spezifischeren glücksfördernden Komponenten zusammensetzt, wie z. B. der Fähigkeit, dankbar zu sein, Erfolgserlebnisse zu haben oder gut mit anderen Menschen auszukommen. Kinder können solche glücksfördernden Fähigkeiten erlernen und verbessern.

Wenn Sie Ihrem Kind beispielsweise helfen wollen, Dankbarkeit zu empfinden, können Sie es bitten, Ihnen jeden Abend vor dem Schlafengehen ein paar Dinge zu erzählen, die es tagsüber erlebt hat und die schön waren. Wenn Sie ihm zu Erfolgserlebnissen verhelfen wollen, können Sie ihm beibringen, auf ganz kleine erfreuliche Dinge zu achten. Regen Sie an, dass das Kind darüber nachdenkt, wie es diese Schritte geschafft hat. Wenn Sie möchten, dass Ihr Kind die Fähigkeit erlernt, zur Ruhe zu kommen, können Sie ihm verschiedene Entspannungsmethoden wie Yogaposen, Atemtechniken oder Achtsamkeitsübungen beibringen.

Zu den vielen Fähigkeiten, die zum Glücksempfinden beitragen, gehören des Weiteren anderen Menschen zu helfen sowie Tiere oder Pflanzen zu pflegen. Sie können die Zufriedenheit Ihres Kindes außerdem fördern, indem Sie es dazu erziehen, sich freundlich zu verhalten, und mit ihm darüber sprechen, wie sich höfliches Verhalten auf andere Menschen und auf einen selbst auswirkt. Es mag trivial klingen, aber auch freundlich zu grüßen ist eine Fähigkeit, die zur Zufriedenheit beiträgt. Wenn zwei Menschen sich wohlwollend begrüßen – mit Handschlag, einer Umarmung, einem Abklatschen oder einfach nur, indem sie Interesse daran zeigen, wie es dem anderen geht –, lassen sie sich auf etwas ein, was das Glücksempfinden fördert. Sie können die Kunst des freundlichen Grüßens mit Ihrem Kind üben, indem Sie es beispielsweise mit den Begrüßungsformen anderer Kulturen vertraut machen oder ihm vermitteln, wie man Komplimente macht oder wie man echtes Interesse am Befinden des anderen zeigt.

Die Fähigkeit, sich an Pflanzen, Tieren und der Natur zu erfreuen, ist auch etwas, was die psychische Gesundheit und das Glück fördert. Sie können Ihrem Kind zu Glückserlebnissen verhelfen, indem Sie ihm beibringen, Zeit in der Natur zu genießen, sich um Pflanzen zu kümmern, Tiere zu versorgen und andere Dinge zu tun, die die angeborene Verbindung zwischen Mensch und Natur stärken. Auch Bewegung trägt zu Glück und Wohlbefinden bei. Sie können bei Ihrem Kind die Gabe zum Glücklichsein fördern, indem Sie ihm Gelegenheiten zu körperlicher Betätigung bieten – jede Form von Bewegung oder Sport ist geeignet, sei es Fitnesstraining, Klettern, Wandern, Ballspiele, Schwimmen, Turnen, Tanzen, Radfahren oder was auch immer. Es empfiehlt sich, dem Kind eine Bewegungsart nahezubringen, die Ihnen selbst auch Spaß macht. Mannschaftssportarten bieten den zusätzlichen Vorteil, dass sie die sozialen Kompetenzen stärken.

Neue Dinge zu lernen bereitet uns Menschen viel Freude. Unabhängig davon, was man lernt, ist jeder Lernfortschritt befriedigend. Ermutigen und unterstützen Sie Ihr Kind beim Erlernen verschiedener Dinge: andere Sprachen sprechen, backen, zeichnen, singen, ein Instrument spielen, Zaubertricks einstudieren, ...

Kinder lieben alle Arten von Spaß: herumalbern, Witze erzählen, lachen, irgendetwas vorführen, kitzeln, Streiche spielen, sich verkleiden, Kissenschlachten usw. Lachen ist nicht nur die beste Medizin, sondern überhaupt einer der stärksten Faktoren für das Wohlbefinden. Die Fähigkeit, zu lachen und sich zu amüsieren, ist manchen Menschen offenbar in die Wiege gelegt, aber auch das lässt sich durch Übung verbessern. Überlegen Sie, wie Sie Ihr Kind animieren können, die »hohe Kunst des Humors« zu erlernen und zu praktizieren. Es ist eine Fähigkeit, die einen lebenslangen positiven Einfluss auf unser Wohlbefinden hat.

Auch Optimismus ist eine Haltung, die unsere Zufriedenheit fördert. Manche Menschen scheinen von Geburt an optimistisch zu sein, aber in einem gewissen Maß kann man sich diese Fähigkeit auch antrainieren. Sie können Ihrem Kind auf spielerische Weise optimistisches Denken beibringen – z. B. indem Sie absichtlich versuchen, Enttäuschungen mit einer rosaroten Brille zu betrachten. Das Spiel geht so: Immer, wenn etwas Unerwünschtes passiert (z. B., wenn man den Bus verpasst oder einem ein Glas runterfällt), versuchen Sie gemeinsam mit Ihrem Kind zu überlegen, was Gutes dabei herauskommen könnte.

Ich habe schon ein paar Beispiele für glücksfördernde Fähigkeiten genannt. Die Liste erhebt keinen Anspruch auf Vollständigkeit, sondern soll lediglich eine Anregung sein. Es gibt noch viele weitere glücksfördernde Faktoren wie Freundlichkeit, Hilfsbereitschaft, gute Umgangsformen, die Fähigkeit, seine Wünsche höflich zu äußern, das Talent zum Streitschlichten, das Vermögen, sich zu entschuldigen, ... die Liste der Fähigkeiten, die Menschen erlernen können, ist schier endlos.

Haareausreißen

Das Ausreißen von Haaren, Augenbrauen oder Wimpern ist eine hartnäckige Angewohnheit, die wir in der medizinischen Fachsprache *Trichotillomanie* nennen. Gut gemeinte Anweisungen der Eltern wie »Hör auf, an den Haaren zu ziehen« oder »Mach das nicht!« sind wenig hilfreich und können das Problem eher noch verschlimmern. In der Fachliteratur wird für hartnäckige Angewohnheiten ein Ansatz empfohlen, bei dem man nicht darauf abzielt, die schlechte Angewohnheit loszuwerden, sondern stattdessen versucht, sie durch eine andere zu ersetzen. Wenn einem das gelingt, lässt sich diese neue Ersatzgewohnheit dann leichter wieder ablegen.

Wenn Ihr Kind sich Haare ausreißt, sollten Sie mit ihm darüber sprechen, welche Ersatzgewohnheit es stattdessen entwickeln könnte. Könnte es z. B. an einem haarähnlichen Material zupfen oder auch mit den Fingern Luftpolsterfolien zerplatzen? Bieten Sie ihm verschiedene Alternativen an und lassen Sie das Kind entscheiden, welche Handlung es ersatzweise ausprobieren möchte.

Wenn Sie Ihrem Kind mit dem Fähigkeitsansatz helfen, die neue Angewohnheit zu üben und anzunehmen, achten Sie besonders auf den Schritt des Erinnerns. Es ist wichtig, dass Sie mit dem Kind eine Vereinbarung darüber treffen, wie Sie und die anderen Helfer das Kind auf freundliche und möglichst auch humorvolle Weise an die Ersatzgewohnheit erinnern, wenn es – vielleicht, ohne es zu merken – wieder anfängt, Haare auszureißen.

Hausaufgaben

Die meisten Kinder machen ihre Hausaufgaben freiwillig, aber für manche ist es ein harter Kampf. Wenn Ihr Kind mit den Aufgaben trödelt und alles daransetzt, sie vor sich herzuschieben, müssen Sie sich vielleicht mit ihm zusammensetzen und gemeinsam Wege suchen, wie es sie leichter erledigen kann.

Beginnen Sie das Gespräch mit Ihrem Kind, indem Sie ihm sagen, Sie seien davon überzeugt, dass es auch ihm ein Anliegen ist, sich besser um seine Hausaufgaben zu kümmern. Zeigen Sie Verständnis und vermitteln Sie ihm, dass Sie nachvollziehen können, wie schwierig es sein kann, Hausaufgaben zu erledigen. Alle Kinder haben immer irgendetwas Besseres zu tun. Da ist es ganz normal, dass man sich vor den Hausaufgaben drückt.

Behandeln Sie Ihr Kind wie einen Experten – wie jemanden, der weiß, wie man das Problem löst. Fragen Sie:

> »Was könnte dir helfen, deine Hausaufgaben zuverlässiger zu erledigen?«

Ihr Kind wird wahrscheinlich zumindest ein paar Ideen haben, was bei der Erledigung seiner Hausaufgaben hilfreich wäre. Sprechen Sie mit ihm darüber: Hätte es gerne, dass Sie ihm helfen? Wenn ja, auf welche Weise? Hätte es gerne, dass andere Familienmitglieder ihm helfen? Wie könnten die Großeltern behilflich sein? Könnten Freunde oder Klassenkameraden auf irgendeine Weise helfen? Sprechen Sie auch über praktische Dinge – z. B. zu welcher Tageszeit es seine Hausaufgaben machen sollte, welcher Raum oder Tisch ein guter Platz zum Lernen wäre und welche Position (sitzend, stehend oder hockend) am besten geeignet ist. Wenn es Schwierigkeiten hat, sich im eigenen Zimmer an seine Hausaufgaben zu setzen, gibt es vielleicht einen anderen Ort innerhalb oder außerhalb der Wohnung, an dem es besser geht. Wenn es sich im Sitzen unwohl fühlt, ist es vielleicht besser, wenn es an einem Stehpult arbeitet.

Manchmal ist der beste Weg, um Ihr Kind zu den Hausaufgaben zu bewegen, einen Nachhilfelehrer zu finden – eine Person außerhalb der Familie, die Hilfestellung bei den Hausaufgaben gibt, oder auch ein etwas älterer Schüler, der bereit ist, Ihr Kind gegen ein Taschengeld bei den Hausaufgaben zu unterstützen.

Manche Kinder profitieren von regelmäßigen Pausen beim Erledigen der Aufgaben. Stellen Sie den Timer Ihres Handys so, dass er z. B. alle zehn Minuten klingelt, dann ist es Zeit für eine kurze Pause – in der kann Ihr Kind etwas tun, was es gerne macht, und sobald die Pause vorbei ist, soll es sich wieder an Arbeit begeben. Wiederholte Pausen können einen Rhythmus in die Bearbeitung der Hausaufgaben bringen und sie ihm dadurch erleichtern.

Wenn möglich machen Sie sich die Tatsache zunutze, dass Kinder noch lieber anderen etwas beibringen, als selbst Dinge zu lernen. Können Sie Ihr Kind bitten, Ihnen das zu erklären, was es sich bei den Hausaufgaben erarbeitet hat? Oder könnte ein anderes Familienmitglied, z. B. einer der Großeltern, in die Schülerrolle schlüpfen, um von dem Kind das zu lernen, was dieses gerade selbst gelernt hat?

Um es noch mal zusammenzufassen: Wenn Ihr Kind seine Hausaufgaben vernachlässigt, halten Sie sich zurück mit Schimpfen und unangenehmen Fragen, wie z. B.: »Warum hast du deine Hausaufgaben nicht gemacht?« Betrachten Sie Ihr Kind stattdessen als Experten, der wahrscheinlich zumindest eine Reihe von guten Ideen hat, wie ihm die Hausaufgaben leichter von der Hand gehen würden. Mögliche Lösungen sind die Unterstützung durch andere Personen, Pausen, ein besserer Zeitpunkt oder geeigneterer Ort zum Arbeiten und die Möglichkeit, das Gelernte an andere weiterzugeben.

Kokeln und Zündeln

Viele Kinder entwickeln in irgendeiner Entwicklungsphase eine Faszination für Feuer. Sie wollen Streichhölzer entzünden, Kerzen anmachen, beim Feuermachen im Kamin helfen usw. Bei manchen Kindern ist die Faszination so groß, dass sie anfangen, mit Feuer zu spielen, obwohl sie wissen, dass es gefährlich und verboten ist. Wenn die Eltern entdecken, dass ihr Kind gekokelt hat, schimpfen sie meist reflexartig und bestärken das strenge Verbot, mit Feuer zu spielen. Sie drohen dem Kind oft eine Strafe an, wenn es sich nicht in Zukunft an die Regeln hält.

Es ist immer ein ernstes Problem, wenn Kinder mit Feuer spielen, aber besonders gefährlich ist es in Ländern, in denen wegen extremer Hitze und langer Dürreperioden ein hohes Risiko für Waldbrände besteht. Queensland in Australien ist ein solches Gebiet. Dort hat man eine erfolgreiche Intervention entwickelt, um Kindern zu begegnen, die beim Zündeln erwischt werden. Es handelt sich um ein Programm, bei dem ein Feuerwehrmann, der speziell für diesen Einsatz geschult ist, das Kind ein paar Mal zu Hause besucht und es in Sachen Brandschutz unterweist – z. B. wie man überprüft, ob der Feueralarm richtig funktioniert, wie man einen Rettungsplan für das Haus erstellt, wie man einen Feuerlöscher benutzt, wie man aus einem brennenden Haus flieht usw. Die kurze individuelle Schulung endet mit einem Besuch auf der Feuerwache, wo die Kinder sich auf einer Führung Feuerwehrautos und Schutzausrüstungen ansehen können. Am Ende erhält jedes Kind eine tolle Plakette, die es als »Brandschutzexperten« auszeichnet. Mit diesem »Diplom« kann das Kind an der Vermittlung von Brandschutzinformationen in der Familie, bei Freunden und Klassenkameraden mitwirken.

Das Interventionsprogramm, das von der Feuerwehr in Queensland und örtlichen Psychologen zur Unterstützung von Familien initiiert wurde, in denen ein Kind gezündelt hat, ist ein hervorragendes Beispiel dafür, wie sich das Fähigkeitsdenken auf ernste und potenziell höchstgefährliche Probleme anwenden lässt.

Konfabulieren

Konfabulieren bedeutet hier, dass ein Kind im Schulalter anderen Kindern – manchmal auch Erwachsenen – ausgedachte Geschichten so erzählt, als ob sie der Wahrheit entsprächen. Solche Geschichten sind oft besonders dramatisch, und das konfabulierende Kind hat offenbar die Absicht, bei den Zuhörern emotionale Reaktionen wie Staunen, Sympathie, Mitleid oder Bewunderung hervorzurufen.

Das Konfabulieren weckt die Neugierde der Menschen im Umfeld des Kindes. Es stellt sich die Frage, was um alles in der Welt ein Kind dazu veranlasst, Geschichten zu erfinden und zu versuchen, die anderen von deren Wahrheitsgehalt zu überzeugen? Das ist gar nicht so ohne Weiteres zu beantworten. Anstatt zu versuchen, eine Antwort auf die Warum-Frage zu finden, ist es vielleicht sinnvoller zu überlegen, welche Fähigkeit das Kind braucht, damit das Konfabulieren von ganz allein aufhört. Das könnte z. B. die Fähigkeit sein, »bei der Wahrheit zu bleiben« oder die, »sich darüber klar zu werden, welche der Geschichten, die man anderen Menschen erzählt, wahr und welche erfunden sind«.

In der Tat ist die Fähigkeit, Fakten und Fiktion auseinanderzuhalten, etwas, das alle Kinder im Laufe ihrer Entwicklung lernen müssen. Wenn ein Kind, das bereits das Schulalter erreicht hat, noch nicht gelernt hat, zwischen Fantasie und Wirklichkeit zu unterscheiden, ist es nun höchste Zeit, dass es sich diese Fähigkeit zulegt. Kinder können diese klare Unterscheidung bewusst lernen. Es ist etwas, das sich auf viele Arten üben lässt – z. B. durch ein Spiel, bei dem die Mitspieler abwechselnd eine Geschichte erzählen, während die anderen versuchen herauszufinden, ob die Geschichte wahr ist oder nicht. Eine Variante dieses Spiels gibt es als Fernsehshow, bei der jeder Teilnehmer drei Geschichten erzählt, und die anderen versuchen herauszufinden, welche der Geschichten wahr und welche erfunden sind, indem sie Fragen stellen, die der Geschichtenerzähler nur mit »Ja« oder »Nein« beantworten darf.

Wenn das konfabulierende Kind akzeptiert, dass es nun an der Zeit ist, den Unterschied zwischen Fakten und Fiktion zu lernen, besteht ein wichtiger nächster Schritt darin, dafür zu sorgen, dass das Kind über ein breites Helfernetzwerk von Menschen verfügt, die ihm beim Erlernen dieser Fähigkeit zur Seite stehen wollen.

- »Wenn wir, die wir dich unterstützen, den Verdacht haben, dass die Geschichte, die du erzählt hast, nicht wahr ist, was sollen wir dir dann sagen? Wäre es gut, wenn wir dich in solchen Situationen fragen: ›Wahrheit oder Fantasie?‹ oder ›wahr oder falsch?‹, oder wäre es dir lieber, wenn wir dir ein entsprechendes Zeichen geben?«
- »Wie wirst du uns antworten, wenn die Geschichte, die du erzählt hast, wahr ist? Was ist, wenn es eine Geschichte ist, die du erfunden hast, wie wirst du uns dann antworten?«

Man kann auf ein Kind, das frei erfundene Geschichten erzählt, ähnlich reagieren wie viele Eltern auf Lügen: Man schimpft mit dem Kind und droht ihm möglicherweise mit Konsequenzen, wenn es nicht damit aufhört. Sie können die Sache aber auch durch die Brille des Fähigkeitsdenkens betrachten und das Kind nicht ausschimpfen und tadeln, sondern ihm helfen, Fähigkeiten zu entwickeln, die automatisch dazu führen, dass es Ihnen keine ausgedachten Geschichten mehr als wahr verkauft.

Konzentration

Konzentration ist eine komplexe Fähigkeit, die eine Kombination aus mehreren einzelnen Teilfähigkeiten ist. Man kann sie mit dem Autofahren vergleichen: Auch das ist keine einzelne Fertigkeit, sondern besteht aus einer Kombination mehrerer spezifischer Kompetenzen, wie z. B. dem Anlassen des Motors, Beschleunigen und Bremsen, Lenken, Einparken in eine Parklücke, Beobachten des Verkehrs, Kenntnis aller Verkehrsregeln usw. Das Gleiche gilt für die Konzentration: Man muss mehrere spezielle Dinge lernen, die erst zusammen das ergeben, was wir Konzentrationsfähigkeit nennen. Beispiele für solche Teilkompetenzen sind:

1. *die Fähigkeit, bei der Sache zu bleiben:* an etwas Schwierigem dranbleiben, auch wenn man lieber aufgeben würde
2. *die Fähigkeit, Misserfolge zu akzeptieren:* Misserfolge und Fehler tolerieren und verstehen, dass kein Mensch immerzu erfolgreich sein kann
3. *die Fähigkeit, um Hilfe zu bitten:* sich an einen Freund oder einen Erwachsenen wenden und »Kannst du mir helfen?« sagen, wenn man mit etwas nicht zurechtkommt und Hilfe benötigt
4. *die Fähigkeit, Hilfe anzunehmen:* einer anderen Person erlauben, einem zu helfen, wenn sie sieht, dass man Unterstützung braucht
5. *die Fähigkeit, Pausen einzulegen:* erkennen, wann man eine Pause braucht, weil man müde wird und die Konzentration nachlässt
6. *die Fähigkeit, Pläne zu machen und sie auch einzuhalten:* seine täglichen Aktivitäten planen und systematisch abarbeiten

7. *die Fähigkeit, stolz auf die eigenen Leistungen zu sein:* sich über Dinge freuen, die man geschafft hat, und über Fähigkeiten, die man erlernt hat
8. *die Fähigkeit, Ablenkungen zu ignorieren:* sich in eine Tätigkeit so weit vertiefen, dass man sich möglichst wenig von Geräuschen und anderen Menschen in der Umgebung ablenken lässt.

Wenn Sie Ihrem Kind zu besserer Konzentrationsfähigkeit verhelfen wollen, überlegen Sie zunächst, welche Teilfertigkeiten Ihr Kind verbessern muss, und unterstützen Sie es dabei, eine Komponente nach der anderen zu entwickeln.

Wenn Sie mehr über dieses Thema erfahren möchten, lesen Sie die Geschichte über den 9-jährigen Tom (s. S. 79) im Kapitel 6 und den Abschnitt »Aufmerksamkeitsdefizit-Hyperaktivitätsstörung« in diesem Kapitel.

Mäkelei beim Essen

Mit »mäkelig« meine ich, dass ein Kind beim Essen sehr wählerisch ist. Es weigert sich z. B., Salat oder Gemüse zu essen, oder es mag nur einige wenige Lebensmittel und rührt nichts anderes an. In der Regel lässt das Problem mit der Zeit nach, und nur sehr selten wird es so ernst, dass das gesunde Wachstum und die Entwicklung des Kindes gefährdet sind. In jedem Fall ist das wählerische Essverhalten eines Kindes problematisch, weil es die Mahlzeiten kompliziert macht und den Eltern Sorgen bereitet.

Sie können Ihrem wählerischen Kind helfen, indem Sie es dazu anregen, dass es seine »Schmeckfähigkeit« verbessert – also die Fähigkeit, neue Geschmacksrichtungen und Lebensmittel zu probieren. Kinder können die Fähigkeit durch ein »Schmeckspiel« entwickeln, bei dem am besten alle Familienmitglieder mitmachen. Eine Variante besteht darin, dass Sie gemeinsam mit Ihrem Kind jeden Tag mindestens ein oder zwei verschiedene neue Sachen probieren. Heute probieren Sie z. B. Oliven und Ananas, morgen Karotten und eingelegte Gurken, übermorgen Kokosnuss und Zimt usw. Es ist ein Leichtes, so ein Spiel unterhaltsam zu gestalten.

> Ich erinnere mich daran, wie ich es mit **MEINEN TÖCHTERN** gespielt habe, als sie noch klein waren. Jedes Mal, wenn wir etwas Neues

probierten, verzogen wir das Gesicht beim ersten Bissen voller Ekel und sagten: »Igitt! Schmeckt eklig!« Dann nahmen wir den zweiten Bissen und reagierten wieder ganz übertrieben, aber diesmal machten wir genüssliche Gesichter und sagten: »Mhmm, ist das lecker!« Wir konnten dieses Spiel endlos fortsetzen und sagten immer wieder abwechselnd übertrieben »Igitt, schmeckt eklig!« und »Mhmm, ist das lecker!«.

Das Probieren neuer Geschmäcker kann, wenn nötig, in sehr kleinen Schritten erfolgen. Nehmen wir an, Sie möchten, dass Ihr Kind eine Tomate probiert, und es weigert sich strikt: Schlagen Sie ihm vor, zunächst eine imaginäre Tomate zu probieren, indem es z. B. ein Sandwich mit unsichtbaren Tomatenscheiben isst. Sie können auch ein Protokoll über alle neuen Geschmacksrichtungen führen, die das Kind ausprobiert hat, und es auf die eine oder andere Weise belohnen, wenn es tatsächlich eine bestimmte Anzahl neuer Lebensmittel probiert hat.

Lesen Sie mehr dazu in der Geschichte über die 4-jährige Linda im vorigen Kapitel (s. S. 66).

Mangel an Selbstbewusstsein

Ein geringes Selbstwertgefühl bedeutet, dass ein Kind nicht an sein Vermögen glaubt, Dinge zu schaffen, und das Gefühl hat, dass es anderen in irgendeiner Weise unterlegen ist. Umgekehrt kann man sagen: Ein gesundes Selbstbewusstsein bedeutet, dass das Kind an seine Fähigkeit glaubt, etwas erreichen zu können, und sich genauso gut fühlt wie alle anderen. Häufig geht man davon aus, dass Selbstwertgefühl bzw. Selbstvertrauen eine relativ stabile Charaktereigenschaft ist, aber man kann es auch als eine Eigenschaft betrachten, die aus verschiedenen Fähigkeiten besteht, die Kinder erlernen und weiter entfalten können. Dazu gehören:

- die Fähigkeit, eigene Erfolge wahrzunehmen und stolz auf seine Leistungen zu sein
- die Fähigkeit, die eigenen Stärken zu kennen
- die Fähigkeit, Lob anzunehmen und darauf mit einem »Danke« zu reagieren

- die Fähigkeit, über seine Leistungen zu sprechen und sie anderen zu zeigen
- die Fähigkeit, die eigenen Fehler und Misserfolge zu akzeptieren
- die Fähigkeit, vor der Klasse zu sprechen
- der Mut, andere Kinder zu fragen, ob man mitspielen darf, und
- die Fähigkeit, andere zu loben und zu ermutigen.

Wenn Sie das Selbstbewusstsein Ihres Kindes stärken wollen, überlegen Sie, welche von diesen oder ähnlichen Stärken es noch verbessern kann, und helfen Sie ihm dann dabei, diese zu entwickeln.

Mehr über dieses Thema erfahren Sie in der Geschichte über die 8-jährige Amanda im vorigen Kapitel (s. S. 75).

Mobbing

Wenn das Kind andere schikaniert

Welche Fähigkeiten fehlen einem Kind, das andere Kinder schikaniert? Man hört oft, einem Kind, das gemein zu anderen ist, mangele es an Empathie bzw. der Fähigkeit, sich in die Lage des anderen hineinzuversetzen. Aber Empathie ist ein weitgefasster Begriff, der auch noch viele weitere Aspekte einschließt – wie die Fähigkeit, für seine Freunde einzustehen, wenn sie gemobbt werden, oder sich zu entschuldigen, wenn man jemanden gekränkt hat.

Die Fähigkeit, Freunde zu verteidigen, ist ein wesentliches Element der Empathie. Sie können darüber mit Ihrem Kind ins Gespräch kommen, indem Sie z. B. fragen:

»Was kannst du sagen oder tun, wenn du siehst, dass ein Kind ein anderes Kind schikaniert und es z. B. dumm oder dick nennt?«

Eine solche Frage kann eine konstruktive Diskussion zwischen Ihnen und Ihrem Kind auslösen. Die Fähigkeit, für Freunde einzutreten, ist ein Thema, das Kinder interessant finden und das sie anhand von Rollenspielen üben können.

- »Wie würdest du mich verteidigen, wenn ich ein Kind wäre und du sehen würdest, wie jemand sagt, dass ich dumm bin?«

> ▶ »Und jetzt stellen wir uns vor, ich wäre derjenige, der das andere Kind dumm genannt hat. Was würdest du dann zu mir sagen?«

Je besser Ihr Kind versteht, wie wichtig es ist, anderen beizustehen, desto unwahrscheinlicher ist es, dass es sich selbst zum Mobbing hinreißen lässt.

Eine weitere Fähigkeit, die dem Mobbing entgegenwirkt, ist die Bereitschaft, sich zu entschuldigen. Das ist etwas, wozu wir unsere Kinder erziehen können. Kinder können üben, sich für ihr gemeines Verhalten aufrichtig zu entschuldigen, indem sie einem anderen Kind direkt sagen, dass es ihnen leidtut, aber auch, indem sie E-Mails, Postkarten oder SMS als Entschuldigung schreiben.

Leider reagieren viele Eltern und Erzieher auf das Fehlverhalten eines Kindes so, dass sie von ihm verlangen oder es sogar zwingen, sich bei dem Kind zu entschuldigen, das gekränkt wurde. Kinder dazu zu zwingen bringt jedoch wenig, wenn man ihnen den Unterschied zwischen richtig und falsch beibringen möchte. Wenn Sie Ihr Kind zur Entschuldung drängen, wird es zwar vielleicht einwilligen und tun, was Sie ihm sagen, aber es wird nicht lernen, aufrichtig um Verzeihung zu bitten. Es ist sinnvoller, wenn Sie etwas in dieser Art sagen:

> »Ich finde, du solltest dich bei Linus entschuldigen. Du musst es nicht sofort tun. Du kannst es dann machen, wenn du dich dazu bereit fühlst. Hast du dir schon überlegt, wie du das machen könntest? Willst du ihn anrufen und mit ihm reden, oder würdest du ihm lieber eine Nachricht schicken, in der du dich für das entschuldigst, was du gemacht hast?«

Mehr über dieses Thema erfahren Sie unter www.kidsskills.org/German/verantwortung. Unter dem Link www.kidsskills.org/english/responsibility/sorry_letter_ger finden Sie auch die deutsche Version der von mir entwickelten App »Sorry letter«, die den Nutzern hilft, überzeugende Entschuldigungsschreiben zu verfassen.

Wenn das Kind von anderen schikaniert wird

Wenn Eltern erfahren, dass ihr Kind in der Kita oder Schule verbal gemobbt wird, verspüren sie meist den starken Wunsch, ihr Kind zu verteidigen. Sie wenden sich an die Lehrkraft oder die Erzieherin und erwarten, dass er oder sie sich des Problems annimmt und dafür sorgt, dass das Mobbing aufhört. Nicht selten gelingt dies auch, aber dennoch gibt es noch zu viele Fälle, in denen trotz aller Bemühungen weiter gemobbt wird, manchmal auch so unterschwellig, dass es unentdeckt bleibt. Manchmal hört das Schikanieren tatsächlich auf, aber das Kind ist so dafür sensibilisiert, dass es sich subjektiv gemobbt fühlt, auch wenn alle Kinder beteuern, dass das gar nicht mehr vorkommt. Aus diesen Gründen ist es gut zu wissen, dass man das Mobbing auch aus einer anderen Richtung angehen kann, indem man versucht, dem Kind zu helfen, dass es stärker und resilienter wird und weniger anfällig für die verbalen Attacken anderer. Sprechen Sie mit ihm darüber, wie es in Situationen, in denen ein anderes Kind etwas Fieses sagt, klug reagieren könnte.

»Wenn jemand zu dir sagt, dass du dumm bist oder so was Ähnliches: Was kannst du ihm oder ihr antworten? Wie könntest du klug mit der Situation umgehen?«

Wollen Sie, dass Ihr Kind Gemeinheiten mit Gemeinheiten erwidert, oder wäre es Ihnen lieber, dass es lernt, die fiesen Anfechtungen anderer Kinder zu ignorieren?

Es gibt noch eine weitere Möglichkeit, die Sie in Betracht ziehen sollten: Sie können dem Kind helfen, die Fähigkeit zu erlernen, dass es auf verbales Mobbing mit klugem Witz, Schlagfertigkeit und Ironie reagiert – also etwas erwidert, das den Teufelskreis der Gemeinheiten durchbricht, ohne dass jemand sein Gesicht verliert. Ich könnte mir vorstellen, dass Eltern und Großeltern ihre Kinder früher auf verbale Angriffe vorbereitet haben, indem sie ihnen ein paar witzige schlagfertige Kommentare beigebracht haben, die die Kinder in heiklen Situationen anwenden konnten.

Wenn Sie möchten, dass Ihr Kind lernt, auf verbales Mobbing mit intelligentem Humor zu reagieren, erfragen Sie zunächst, was für fiese Dinge andere Kinder gesagt haben, und überlegen Sie gemeinsam mit Ihrem Kind, wie es in diesen Situationen klug und witzig antworten könnte.

VATER Was soll man zum Beispiel einem Jungen antworten, der einem sagt: »Du bist dumm!«?

KIND Ich könnte sagen, dass er ja dann wohl noch dümmer sein muss, denn nur dumme Leute können andere Leute als dumm bezeichnen.

VATER Das ist ziemlich gut gekontert. Was könntest du noch sagen? Sollen wir noch mehr schlagfertige Antworten erfinden? Was glaubst du, was passieren würde, wenn du etwas sagen würdest wie »Du musst es ja wissen: Gleich und gleich erkennt sich gut!« oder »Meine Mutter sagt das Gleiche und meint, das könnte ich nur von meinem Vater geerbt haben«?

Auch wenn das Kind mit Ihren Vorschlägen vielleicht nicht so viel anfangen kann, wird es die Botschaft trotzdem verstehen: Auf Mobbing mit Schlagfertigkeit und Witz zu reagieren funktioniert besser, als wenn man versucht, das mobbende Kind mit einem noch gemeineren Kommentar zu treffen.

Eine Mutter erzählte mir, dass ihre Tochter ihr als **TEENAGERIN** eines Tages eröffnete, dass sie nicht mehr zur Schule gehen würde. »Warum denn das?«, fragte die Mutter verwundert, denn das Mädchen war eine gute Schülerin und war immer gerne zur Schule gegangen. Nach und nach erfuhr sie, dass es in der Klasse ihrer Tochter einen Jungen gab, der sie schikanierte und sie »aufgeblasen« nannte.

Die Mutter hatte sich eingehend mit lösungsorientierter Psychologie beschäftigt und wollte ihrer Tochter helfen, einen klugen und belastbaren Ansatz zu finden, wie sie auf den Jungen reagieren könnte. Sie machte einen Vorschlag nach dem anderen, aber das Mädchen winkte immer ab.

»Ach, du verstehst das nicht«, sagte sie, »so was kann ich nicht sagen. Das würde alles nur noch schlimmer machen.« Der Versuch, ihrer Tochter zu helfen, wie sie dem Jungen etwas Kluges erwidern könnte, führte nicht zum gewünschten Ergebnis. Doch nur eine Woche später sagte das Mädchen beim Abendessen zu ihrer Mutter: »Ach, übrigens, der Junge, von dem ich dir erzählt habe – er hat aufgehört, mich ›aufgeblasen‹ zu nennen.«

»Das freut mich. Wie hast du das hingekriegt? Was hast du zu ihm gesagt, damit er aufhört?«, wollte die Mutter wissen – in der Hoffnung, dass ihre Tochter vielleicht doch einen ihrer Vorschläge umgesetzt hatte.

> »Ich habe ihm einfach in die Augen geguckt und gesagt: ›Das musst du erst mal begründen!‹ Er war sprachlos und hat mich seitdem nicht mehr ›aufgeblasen‹ genannt«, erklärte das Mädchen mit stolzem Grinsen.

Ein Spiel, das Kinder mit ihren Eltern spielen können, ist das Erfinden von witzigen Kommentaren auf gemeine Dinge, die andere Leute zu einem sagen. Es ist nicht immer leicht, sich lustige Antworten auszudenken, aber allein das Spiel macht das Kind schon stärker und widerstandsfähiger – selbst wenn es die erfundenen Antworten im wirklichen Leben nie einsetzen würde. Kluge Reaktionen auf eine Beleidigung funktionieren auch dann, wenn das Kind sie gar nicht ausspricht, sondern den Satz nur im Stillen denkt.

Tipp: Wenn Ihr Kind einen Superhelden hat, zu dem es aufschaut, können Sie ihm helfen, intelligente Antworten zu finden: Es soll sich vorstellen, was sein Superheld als Antwort auf ein solches Mobbing erwidern würde.

Nägelkauen

Nägelkauen ist bei Kindern eine häufige schlechte Angewohnheit. Normalerweise versuchen die Eltern einzugreifen, indem sie dem Kind sagen, es solle damit aufhören. Sie sagen: »Kau nicht an deinen Nägeln!« oder »Nimm deine Finger aus dem Mund!«. Diese naheliegende Bitte, mit dem Kauen aufzuhören, hilft jedoch in der Regel nicht und kann das Problem sogar eher noch verschlimmern. Es ist besser, wenn man das Problem auf andere Weise angeht und nicht versucht, das Kind vom Nägelkauen selbst abzubringen, sondern eher sein Interesse dafür weckt, dass es die Nägel wachsen lässt. Das Ziel dieses Ansatzes lautet dann nicht, die schlechte Angewohnheit zu beenden, sondern sich auf eine neue Fähigkeit zu konzentrieren. Kinder sind eher zu einer Veränderung motiviert, wenn man nicht davon spricht, dass es mit dem Nägelkauen aufhören soll, sondern davon, dass ihm »schöne Nägel wachsen« sollen oder es »schöne Nägel bekommen« soll.

Wenn der Fokus auf dem Wachsen der Nägel liegt, hat das den Vorteil, dass es in kleinen Schritten erfolgen kann. Ihr Kind muss nicht gleich alle zehn Nägel auf einmal wachsen lassen, sondern kann mit einen einzigen Nagel beginnen, dann zwei, dann drei und so weiter. Es kann selbst entscheiden, welcher Fingernagel zuerst wachsen soll, und wenn dieser eine rausgewachsen ist (auch wenn das Kind noch an den anderen neun Nägeln herumgekaut hat), kann die Leistung auf irgendeine Weise gefeiert werden. Ein 10-jähriges Mädchen feierte ihren Erfolg, indem sie ihre neu gewachsenen Nägel lackierte und sie mit Herzchen und anderen Aufklebern verzierte.

Wenn es dem Kind erst mal gelungen ist, einen Fingernagel wachsen zu lassen, ist der Weg gebahnt, dass es auch noch weitere in Ruhe lassen wird. Das Kind kann sich Nagel für Nagel vornehmen, bis ihm mit der Zeit wieder alle zehn Nägel gewachsen sind.

> In einer Familie hatten die Eltern mit ihrem **5-JÄHRIGEN SOHN** vereinbart, dass es eine Feier für ihn geben würde, wenn er es geschafft habe, alle zehn Nägel wachsen zu lassen. Zu der Feier, die schon ein paar Wochen später stattfand, konnte er die Großeltern und seine beiden besten Freunde aus dem Kindergarten einladen. Bei dem Zusammensein applaudierten die Gäste, als die Mutter eine Nagelschere nahm und alle zehn Fingernägel schnitt. Nach dem Nägelschneiden bekamen alle Kuchen und Saft.

Lesen Sie mehr über dieses Thema in der Geschichte über den 7-jährigen David im vorherigen Kapitel (s. S. 73).

Oppositionelles Verhalten

Ich habe kürzlich den Bericht einer Lehrerin über das unverschämte Verhalten der Schüler heutzutage gelesen. Hier eines der Beispiele für renitente Verhaltensweisen, die sie beobachtet hatte:

> »**JULIAN** bekam von vielen Lehrern immer wieder gesagt, er solle seine Mütze abnehmen, aber er tat es nicht. Er fasste sich nur trotzig an die Mütze, nahm sie aber nicht vom Kopf. Ich sagte ihm, wenn er seine Mütze nicht absetze, würde ich es tun. Da er sich immer noch weigerte, nahm ich sie ihm ab. Er lief mir nach und stemmte seinen Kopf gegen mich. Ich sagte ihm, er solle damit

> aufhören. Er hörte aber nicht auf, sondern schubste mich und sagte: ›Gib mir die Scheißmütze wieder!‹ Ich zog ihn allmählich in Richtung Lehrerzimmer. Er wehrte sich, packte mich an den Beinen und versuchte, mich hochzuheben. Wir fielen beide hin, und er ließ nicht von mir ab, bis die anderen Lehrer eingriffen. Als sie ihn von mir wegzerrten, gab er mir eine Ohrfeige.«

Alle Kinder zeigen hin und wieder mal Trotzreaktionen, aber wenn ein Kind ständig aufmüpfig ist, eine grundlegend negative Einstellung zu allem hat und den Eltern wie Lehrern immerzu auf die Nerven geht, haben Psychiater einen wissenschaftlich anmutenden Namen für ein solches Verhalten: oppositionelle Verhaltensstörung (engl. ODD = *oppositional defiant disorder*). In den letzten Jahren ist mir aufgefallen, dass für dieselbe Art von Verhalten noch ein weiteres Akronym aufgetaucht ist: PDA, es steht für *pathological demand avoidance* (pathologisches Vermeiden von Anforderungen) und wird hauptsächlich von Leuten verwendet, die sich mit Autismus befassen. – Für diese Verhaltensweisen gibt es viele Ausdrücke wie trotzig, eigensinnig, widerspenstig, stur, ungezogen, aufmüpfig, dickköpfig, widerspenstig, provokativ usw.

Niemand weiß, warum manche Kinder ein oppositionelles Verhaltensmuster entwickeln. Ich denke, dass es sich dabei um einen Teufelskreis handelt, bei dem die Art und Weise, wie Eltern und andere Erwachsene versuchen, das Verhalten der Kinder zu beeinflussen, bei diesen eine trotzige Haltung hervorruft. Manche Kinder scheinen allergisch auf Anweisungen von Erwachsenen zu reagieren – selbst auf freundlich vorgetragene Bitten –, als wären das alles unberechtigte und streng autoritäre Befehle.

Das hartnäckige oppositionelle Verhalten von Kindern ist für Eltern und Lehrer gleichermaßen eine große Herausforderung, aber ich denke, es ist hilfreich zu verstehen, dass trotzige Kinder auch selbst unter ihren Verhaltensweisen leiden. Die meisten Kinder, die sich widerspenstig benehmen, wissen meiner Einschätzung nach, dass ihr Leben viel einfacher wäre, wenn es ihnen leichter fiele, zuzuhören und die Anordnungen der Erwachsenen zu befolgen. Wenn sich Ihr Kind hartnäckig wehrt, haben Sie zwei Möglichkeiten, ihm zu mehr Kooperationsbereitschaft zu verhelfen. Sie können einen sanfteren

Kommunikationsstil wählen, der die Aversion des Kindes berücksichtigt, oder Sie können ihm helfen, eine Fähigkeit zu entwickeln, die es ihm erleichtert, kooperativ auf Ihre Anweisungen zu reagieren.

Beginnen wir mit dem, was ich einen sanfteren Kommunikationsstil nenne. Das bedeutet z. B.:

- Sie bieten Ihrem Kind zwei oder mehr Alternativen an, aus denen es diejenige auswählen kann, die ihm am besten gefällt. Im Fall des Jungen mit der Mütze könnte das z. B. so klingen:
  - »Willst du deine Mütze jetzt abnehmen oder willst du sie noch ein bisschen aufbehalten?«
  - »Willst du deine Mütze hier abnehmen oder wenn du wieder in der Klasse bist?«
  - »Willst du deine Mütze selbst abnehmen, oder fällt dir jemand ein, der das für dich tun könnte?«
- Wenn Sie einem Kind, das auf jegliche Kontrolle allergisch reagiert, Alternativen anbieten, geben Sie ihm das Gefühl, dass es selbst die Zügel in der Hand behält und nicht von anderen gesteuert wird.
- Sie stellen Ihren Wunsch als Ihr eigenes Problem dar und bitten das Kind, Ihnen bei der Lösung zu helfen.
  - »Ich muss dafür sorgen, dass die Schüler ihre Mützen in der Schule absetzen. Was schlägst du vor, was ich tun soll?«
  - »Was sollte ich deiner Meinung nach tun, wenn ich will, dass ihr euch an die Regel in der Hausordnung haltet, dass wir im Schulgebäude keine Mützen tragen?«
- Ein Kind, das dazu neigt, auf Ihre Anweisungen trotzig zu reagieren, findet es schwierig oder unmöglich, Ihren Bitten Folge zu leisten, wenn es sich von Ihnen herumkommandiert fühlt; aber es kann durchaus bereit sein, darauf einzugehen, wenn es den Eindruck hat, dass es Ihnen damit bei der Lösung Ihres eigenen Problems behilflich ist.
- Sie vereinbaren mit dem Kind im Vorfeld eine Geste oder einen geheimen Code, mit dem Sie ihm Ihren Wunsch mitteilen.
  - »Wenn ich dich manchmal bitten muss, deine Mütze abzusetzen, welches Zeichen soll ich dir dann geben?«
  - »Wie soll ich dir mit einer Geste oder einem geheimen Code sagen, dass du daran denken musst, die Mütze abzunehmen?«

- Kinder mit extremen Trotzreaktionen scheinen vor allem gegen verbale Anweisungen allergisch zu sein. Aus irgendeinem Grund fällt es ihnen jedoch leichter, bestimmte Geheimwörter, vereinbarte Gesten oder sonstige Zeichen zu akzeptieren.

Man kann oppositionelles Verhalten als Indiz dafür betrachten, dass das Kind noch nicht die Fähigkeit besitzt, Anweisungen von Erwachsenen zu befolgen – eine Fähigkeit, die Kinder erlernen und verbessern können und die vielleicht sogar Spaß machen kann. Wenn Sie möchten, dass Ihr Kind sich diese Kompetenz aneignet, sprechen Sie zunächst mit ihm über den Nutzen, den es für das Kind selbst hätte. Es wird sich für eine Fähigkeit wie »Anweisungen befolgen« eher interessieren, wenn es begreift, dass es davon profitieren wird. Kinder können dies auf viele Arten üben. Kleinkinder lieben verschiedene Varianten von Spielen wie »Simon sagt«, bei denen eine Person Anweisungen gibt und die anderen sie befolgen müssen – je nachdem, wie die Anweisung formuliert wird.

Erfahren Sie mehr über dieses Thema im Abschnitt »Gehorsamkeit« in diesem Kapitel.

Perfektionismus

Hier geht es darum, dass ein Kind nach Perfektion strebt und es nicht tolerieren kann, wenn ihm etwas nicht wie gewünscht gelingt. – Es wird frustriert und ängstlich oder bekommt einen Wutanfall, wenn das, was es gerade tut, nicht so klappt, wie es sich das vorstellt. Kinder, die perfektionistisch veranlagt sind, können besonders stark auf Situationen reagieren, in denen sie ihren eigenen übersteigerten Ansprüchen nicht gerecht werden. Dann sind sie schnell dabei, sich selbst schlechtzumachen, und sagen Dinge wie »Ich kann gar nichts«, »Ich bin dumm«, »Ich bin zu nichts nutze« oder »Ich werde das nie lernen«.

Die Fähigkeit, die ein perfektionistisches Kind lernen muss, ist die, Unvollkommenheit zu akzeptieren – also zu verstehen, dass niemandem immer alles gelingen kann und dass jeder auch mal Fehler macht. Ein solches Kind sollte sich als Lernziel setzen, gelassener mit Misserfolgen, Fehlern und Unvollkommenheiten umzugehen –

besonders, was das Verlierenkönnen bei Spielen oder Wettbewerben angeht. Die Fähigkeit, eigene Misserfolge in Kauf zu nehmen, ist eine wichtige Lebenskompetenz, die bei vielen überforderten Kindern noch ausbaufähig ist. Glücklicherweise ist auch das etwas, was man bewusst lernen und üben kann.

Es gibt eine Möglichkeit, wie Kinder sich daran gewöhnen können, Fehler und Misserfolge zu tolerieren: Sie lernen, etwas laut auszusprechen, das ihnen Sicherheit gibt, wenn sie einen Fehler machen oder das Gefühl haben, versagt zu haben. Sie könnten in solchen Situationen z. B. sagen:

- »Was solls!«
- »Kein Problem!«
- »Es kann ja nicht immer klappen.«

In jeder Sprache gibt es solche Redewendungen oder Ausdrücke, die uns helfen, schnell über Fehler und Misserfolge hinwegzukommen. Welche Formulierungen verwenden Sie selbst in solchen Situationen? Was sagen Sie zu sich selbst, wenn der Kuchen, den Sie für einen wichtigen Besuch gebacken haben, misslingt? Was, wenn Ihnen jemand einen freien Parkplatz vor der Nase wegschnappt? Oder wenn Sie vom Einkaufen nach Hause kommen und feststellen, dass Sie vergessen haben, das zu kaufen, weshalb Sie losgegangen sind? Wenn es Ihrem Kind schwerfällt, Enttäuschungen und Fehler zu akzeptieren, bringen Sie ihm Ihren Lieblingsspruch zur Selbstberuhigung bei – bis er für das Kind so selbstverständlich ist wie für Sie.

Scheidung

Die Hälfte aller Kinder in westlichen Ländern lebt in Familien, in denen die Eltern getrennt oder geschieden sind, und haben daher oft nicht nur ein Zuhause, sondern zwei: eines beim Vater und eines bei der Mutter. Statistiken zufolge haben Scheidungskinder etwas mehr Probleme als Kinder aus sogenannten intakten Familien. Diese Tatsache haben Psychologen und andere »Experten« für ihre Argumentation benutzt, dass Scheidung schädlich sei und das gesunde psychologische Wachstum von Kindern beeinträchtige. Allmählich beginnt man jedoch zu verstehen, dass Korrelation nicht gleichbedeutend mit Kausalität ist. Die Beziehung zwischen Scheidung und dem Wohlergehen von Kindern ist komplex, und es kommen noch viele andere Faktoren zum Tragen. Kinder geschiedener Eltern haben vielleicht mehr Probleme als die von Eltern, die zusammenbleiben, aber dieser statistische Unterschied ist nicht auf die Scheidung selbst zurückzuführen, sondern auf andere Faktoren, die oft, aber nicht immer, mit der Scheidung zusammenhängen. Zu diesen Faktoren gehören unter anderem: eine wirtschaftliche Benachteiligung der Familie, Vorurteile gegenüber Kindern aus »zerrütteten Familien«, Kinder, die keinen Kontakt zu einem weit entfernt lebenden Elternteil haben, Konflikte und Feindseligkeiten zwischen geschiedenen Eltern und Uneinigkeit der Eltern bei der Kindererziehung.

Wenn Sie vom anderen Elternteil Ihres Kindes getrennt oder geschieden sind, gibt es vieles, was Sie tun können, um Ihrem Kind zu helfen, damit es mit der neuen Situation gut klarkommt. Ich habe hier ein paar Ratschläge aufgelistet:

- Helfen Sie Ihrem Kind zu erkennen, dass es zwar zweifellos stressig ist, zwischen zwei Wohnsitzen hin und her zu wechseln, dass diese Regelung dem Kind aber oft auch ein paar Vorteile bietet.
- Achten Sie darauf, dass Sie in Anwesenheit Ihres Kindes immer in einem respektvollen Tonfall über den andern Elternteil sprechen.
- Tun Sie alles Ihnen Mögliche, um den Kontakt zum anderen Elternteil zu fördern und eine gute Beziehung zu pflegen.
- Denken Sie daran, dass selbst ein spärlicher und entfernter Kontakt zwischen Ihrem Kind und dem anderen Elternteil besser ist als gar kein Kontakt.
- Wenn Sie Konflikte mit Ihrem Expartner haben, gehen Sie nicht gleich vor Gericht – nutzen Sie lieber die Möglichkeit der Mediation.
- Widerstehen Sie der Versuchung, den anderen Elternteil dafür verantwortlich zu machen, wenn Ihr Kind psychische Probleme hat. Halten Sie sich stattdessen an den Kompetenzansatz und helfen Sie dem Kind, eine neue Fähigkeit zu erlernen. Bitten Sie

auch Ihren Expartner, Ihr Kind beim Üben dieser Fähigkeit zu unterstützen.

- Wenn Ihr Kind nach einem Aufenthalt beim anderen Elternteil schlecht gelaunt ist, sollten Sie nicht automatisch denken, dass das Kind dort etwas Negatives erlebt haben muss. Geben Sie ihm erst mal Zeit, sich wieder in Ihrem Haushalt »einzuleben«, denn seine schlechte Laune ist höchstwahrscheinlich nur auf den Stress zurückzuführen, den der Wechsel von einem Zuhause zum anderen mit sich bringt.
- Danken Sie dem anderen Elternteil – wann immer es möglich ist – am besten in Anwesenheit Ihres Kindes für das, was er oder sie für dessen Entwicklung und Wohlergehen getan hat.
- Geben Sie Ihrem Kind ein Exemplar meines Buches *Meine zwei Zuhause* – dieses Arbeitsbuch soll Kindern geschiedener Eltern helfen, gut klarzukommen, wenn es mehr als ein Zuhause gibt.

Schlafen

Ihr Kind schläft in Ihrem Bett

Einigen Kindern fällt es schwer zu lernen, in ihrem eigenen Zimmer oder eigenen Bett zu schlafen. Viele Eltern versuchen, Abhilfe zu schaffen, indem sie das Kind im Elternbett schlafen lassen oder besondere Vorkehrungen treffen – z. B. dass einer der Eltern nachts beim Kind in seinem Zimmer schläft. Doch schon bald werden solche Sonderregelungen zur Belastung für die Eltern und sie sind auch nicht im Interesse des Kindes. Dann ist es vielleicht an der Zeit, darüber nachzudenken, wie Sie Ihrem Kind am besten helfen können, im eigenen Bett einzuschlafen – eine Fähigkeit, die jedes Kind früher oder später lernen muss.

Erklären Sie ihm, warum Sie wollen, dass es lernt, im eigenen Bett zu schlafen:

> »Ich schlafe dann besser und du schläfst auch besser. Wenn ich besser schlafe, fühle ich mich morgens wohler, und auch du bist dann beim Aufwachen besser gelaunt. Außerdem kannst du, wenn du gelernt hast, in deinem eigenen Bett einzuschlafen, auch

> Freunde zum Übernachten einladen, und dann könntest du auch mal woanders übernachten.«

Vergewissern Sie sich, dass die anderen Familienmitglieder mit Ihnen darin übereinstimmen, dass es für das Kind nun an der Zeit ist zu lernen, im eigenen Bett zu schlafen. Ihr Kind wird eine höhere Motivation dazu aufbringen, wenn es weiß, dass dies nicht nur Ihr Wunsch ist, sondern eine Fähigkeit, die alle, die ihm wichtig sind, für nötig und nützlich halten.

Sie können einen Kalender im Kinderzimmer aufhängen, auf dem das Kind alle Nächte ankreuzen kann, in denen es erfolgreich im eigenen Bett eingeschlafen ist. Sobald Ihr Kind eine vorher vereinbarte Anzahl von Nächten durchgehalten hat, können Sie den Erfolg wie verabredet feiern.

Ihr Kind kriecht nachts in Ihr Bett

Viele Kinder wachen irgendwann nachts auf und krabbeln im Halbschlaf ins Bett der Eltern, um dort den Rest der Nacht zu verbringen. Manche Eltern haben es gern, wenn das Kind in ihrem Bett schläft, andere fühlen sich dadurch gestört – vor allem, wenn das Kind unruhig schläft und das Bett eng ist. Wenn Sie möchten, dass Ihr Kind lernt, im eigenen Bett zu bleiben, muss es sich die Fähigkeit aneignen, »wieder in sein eigenes Bett zu gehen, wenn es mitten in der Nacht aufwacht«. Erklären Sie ihm, dass es jetzt so groß geworden ist, dass es lernen muss, die Nacht bis zum Morgen in seinem eigenen Bett zu schlafen. Helfen Sie ihm, sich einen lustigen Namen für diese Fähigkeit auszudenken, und regen Sie an, dass es sich ein Kuscheltier aussucht, das ihm beim Üben hilft. Vereinbaren Sie auch, wie viele Nächte es bis zum Morgen in seinem eigenen Bett schlafen soll, bis Sie eine Feier organisieren, um das Erreichte zu würdigen. Hängen Sie dazu im Kinderzimmer einen Kalender auf, um die Nächte zu markieren. Wenn es für Ihr Kind eine zu große Herausforderung ist, bis zum Morgengrauen im eigenen Bett durchzuhalten, können Sie Zwischenschritte einbauen und beispielsweise damit beginnen, dass Sie ihm erlauben, im Elternschlafzimmer auf einer Extramatratze zu schlafen, anstatt in Ihr Bett zu kommen.

Entwickeln Sie eine Art Spiel, um dem Kind zu helfen, das Wiedereinschlafen im eigenen Bett zu üben. Sie könnten beispielsweise so tun, als wäre es Nacht und das Kind würde mitten in der Nacht in seinem eigenen Bett aufwachen. Wenn es »aufwacht«, soll es etwas tun, das ihm hilft, wieder einzuschlafen. Es könnte seinen Teddybären streicheln und ihm leise zuflüstern: »Oh, du bist aufgewacht, mein Lieber. Es ist alles in Ordnung. Ich bin bei dir. Ich halte dich fest, bis du wieder einschläfst.«

Lesen Sie dazu auch das Ende der Geschichte über den 8-jährigen Adam im vorigen Kapitel (s. S. 79).

Schreien und lautes Sprechen

Die Tonhöhe und Lautstärke der eigenen Stimme zu kontrollieren, ist eine soziale Fähigkeit, die alle Kinder lernen müssen. Ein Kind, das sehr laut spricht oder gar schreit, hat wahrscheinlich keine Antenne für die eigene Lautstärke – es ist daher der erste Schritt zu lernen, diese bewusst wahrzunehmen. Eine clevere Art, Kindern dabei zu helfen, ist eine App fürs Handy, die die Lautstärke der eigenen Stimme in visueller Form anzeigt. Eine andere Möglichkeit, Kindern das Bewusstsein für ihre Lautstärke zu vermitteln, besteht darin, sie mit der Hand anzuzeigen. Sie können sagen:

> »Jetzt sprichst du in dieser Lautstärke«,

während Sie die Hand vor sich auf eine bestimmte Höhe heben.

> »Sag das Gleiche noch mal etwas leiser, dann kann ich dir mit meiner Hand zeigen, wie laut es ist.«

Wenn das Kind ein Bewusstsein für die Lautstärke entwickelt hat, kann es im nächsten Schritt lernen, sie in Situationen zu kontrollieren, in denen es dazu neigt, zu laut zu sprechen.

Es ist ein wichtiger Aspekt der Hilfestellung für Kinder, die lernen, ihre Lautstärke zu kontrollieren, dass man ihnen die Entscheidung überlässt, wie sie von anderen an diese Fähigkeit erinnert werden wollen – da gibt es ganz spielerische Wege. Sie können z. B. so tun, als gäbe es irgendwo am Körper des Kindes einen »Lautstärkeregler«, den man nach rechts drehen kann, um lauter zu stellen, und nach links, um leiser zu drehen. Solch ein Spiel bahnt den Weg für einfache Gesten, mit denen Sie und andere Helfer das Kind daran erinnern können, dass es seine Stimme dämpfen muss, wenn sie für die aktuelle Situation zu laut ist.

Schüchternheit

Manchmal machen Eltern sich Sorgen, dass ihr Kind allzu schüchtern und ängstlich ist. In solchen Situationen ist es gut, sich vor Augen zu halten, dass Schüchternheit und Ängstlichkeit in der Regel eine Phase prägen, die eine Zeit lang andauert und von selbst vorübergeht. Je weniger Sie sich darüber den Kopf zerbrechen, desto leichter kann Ihr Kind verinnerlichen, dass es sich einfach um eine natürliche Entwicklungsphase handelt. Im Übrigen würde es nicht schaden, wenn jeder von uns lernen würde zu akzeptieren, dass wir alle nun mal unterschiedlich sind – manche Menschen sind kontaktfreudig und extrovertiert, andere eher schüchtern oder introvertiert. In dieser Welt gibt es Platz für alle. Schüchterne Menschen haben außerdem oft Fähigkeiten und Talente, die geselligere Menschen nicht besitzen.

Wenn Sie jedoch ernsthaft besorgt sind, dass Ihr Kind zu schüchtern ist, oder wenn es unter seiner Ängstlichkeit leidet, sollten Sie sich überlegen, wie Sie ihm helfen können, mehr Mut im sozialen Miteinander zu entwickeln – das gelingt am besten, wenn Sie kleine Schritte vorschlagen und das Kind das Gefühl bekommt, dass es die Kontrolle über den Fortschritt hat. Was wäre für Sie das erste kleine Anzeichen dafür, dass Ihr Kind beginnt, seinen sozialen Mut zu stärken? Wäre es, dass es jemanden grüßt oder mit jemandem telefoniert? Oder wäre das erste kleine Zeichen, dass Ihr Kind in der Klasse die Hand hebt und auf die Frage der Lehrerin eine kurze Antwort gibt? Wenn solche Schritte für das Kind schon überwältigend erscheinen, können Sie die soziale Interaktion zunächst mit Handpuppen üben; mit diesen können Sie verschiedene soziale Situationen nachspielen und den Umgang in einem geschützten Umfeld trainieren.

Selbstbefriedigung

Kinder merken schon früh, dass das Berühren oder Rubbeln ihrer Genitalien ihnen ein angenehmes Gefühl verschafft. Bei manchen Kindern wird das zur Gewohnheit; so spielen Jungs gern mit ihrem Penis und Mädchen reiben ihre Vulva, z. B. an Möbeln. Nach medizinischer Auffassung ist Selbststimulation bzw. Masturbation in keiner Weise schädlich, aber wenn sie in der Öffentlichkeit vor den Augen anderer Menschen stattfindet, gilt sie in den meisten Kulturen als unangemessenes Verhalten. Wenn ein Kind, das schon über das Kleinkindalter hinaus ist, sich in der Öffentlichkeit selbst stimuliert, ist es an der Zeit zu lernen, dass die Selbstbefriedigung eine private Angelegenheit ist, die wir besser nicht in der Öffentlichkeit ausüben. Erklären Sie ihm, dass es völlig in Ordnung ist, aber alle Menschen lernen müssen, dass man das besser tut, wenn man allein ist. Es gibt auch viele andere Dinge, die man nicht vor den Augen anderer tut. Kleine Kinder können sich z. B. ungeniert vor anderen Menschen aufs Töpfchen setzen, aber wenn sie älter werden, lernen sie, hinter verschlossener Tür auf die Toilette zu gehen. In allen Kulturen gibt es Regeln in Bezug auf Nacktheit oder auch das Zeigen von Zuneigung. Beispielsweise ist es Paaren in einigen Ländern erlaubt, sich auf öffentlichen Plätzen zu küssen, während in anderen Kulturen schon das Händchenhalten auf der Straße als inakzeptabel gilt.

Manchmal betreiben Kinder die Selbstbefriedigung ganz »automatisch«, ohne sich dessen bewusst zu sein. In solchen Fällen besteht der erste Schritt für das Kind darin zu lernen, dass es beobachtet, wann das vorkommt. Als nächsten Schritt vereinbaren Sie mit ihm, wo es dies tun darf und wie Sie oder andere Personen es daran erinnern können, bei Bedarf lieber an diesen Ort zu gehen.

Wenn Sie mit Ihrem Kind über Selbstbefriedigung sprechen, einigen Sie sich zunächst auf ein Wort für die Selbstberührung. Wenn Ihr Kind bereits einen Namen dafür hat, umso besser. Wenn nicht, können Sie etwas wie »anfassen«, »streicheln« oder »kraulen« vorschlagen. Erklären Sie ihm, dass es jetzt alt genug ist, um zu lernen, dass es seinen Intimbereich nur dann berührt, wenn keine anderen Menschen dabei sind.

Selektiver Mutismus

Selektiver Mutismus bedeutet, dass ein Kind, das zu Hause normal spricht, sich weigert, mit jemandem außerhalb der Familie, in der Kindertagesstätte oder Schule zu sprechen. Zur Zeit meiner Facharztausbildung in der Psychiatrie dachte man, dass selektiver Mutismus ein Anzeichen für eine schwerwiegende emotionale Störung sei. Heutzutage geht man jedoch eher davon aus, dass es einfach ein Indiz dafür ist, dass das Kind unter einer Art sozialer Angst leidet – der Angst, mit »Fremden« zu sprechen, was in diesem Fall bedeutet: mit jedem außerhalb der engsten Familie.

Der Kompetenzansatz zum Umgang mit Ängsten basiert auf der Idee, dass es für Kinder einfacher ist, Mut zu entwickeln, als Angst loszuwerden. Wenn ein Kind Angst hat, mit Menschen zu sprechen, kann es diese überwinden, indem es an seinem Mut arbeitet, mit anderen zu reden. Das Wichtigste dabei ist wie bei jeder anderen Art von Mut, dass man langsam und in kleinen Schritten vorgeht. Erarbeiten Sie gemeinsam mit Ihrem Kind eine Leiter des Fortschritts, die aus kleinen Stufen besteht. Ein erster Schritt könnte z. B. ein Spiel sein, bei dem das Kind mit Fremden spricht, die durch Handpuppen verkörpert werden. Die nächste Stufe könnte sein, auf eine Whatsapp-Nachricht oder E-Mail auf dem Handy zu antworten, dann ein paar Worte mit jemandem am Telefon zu sprechen und so weiter. Eine Frau, die als Kind unter selektivem Mutismus litt, erzählte, dass ihr erster wichtiger Schritt bei der Entwicklung ihres Muts zum Sprechen darin bestand, dass sie – bestärkt durch ihre Eltern – morgens zu einem ihrer Klassenkameraden »Hallo« sagte.

Wenn Ihr Kind Angst davor hat, mit Menschen außerhalb der engsten Familie zu sprechen, seien Sie verständnisvoll. Denken Sie daran, dass Kinder vor fast allem Angst haben können und dass verschiedene soziale Ängste – und selektiver Mutismus ist eine davon – bei Kindern und Erwachsenen sehr verbreitet sind. Unterstützen Sie Ihr Kind bei der Überwindung seiner Angst: Loben Sie es für jeden noch so kleinen Schritt, den es bisher bei der Entwicklung seines Muts zum Sprechen gemacht hat. Geben Sie ihm positives Feedback für alle seine Bemühungen und helfen Sie ihm, sich Spiele oder Übungen auszudenken, mit denen es im geschützten Rahmen lernen und sich – langsam, aber sicher – den Mut zulegen kann, mit anderen Menschen zu sprechen.

Tics

Das Wort »Tic« bezeichnet wiederholte unwillkürliche Bewegungen oder Zuckungen, meist im Bereich der Stirn, der Augen oder des Mundes. Tics können auch in der Schulterregion oder in den Armen auftreten, außerdem können sie stimmlicher Natur sein und sich in Hüsteln, Schniefen oder Räuspern äußern. Es ist normal, dass Kinder mal Tics haben, und in den meisten Fällen gibt sich das von allein wieder. Bei manchen Kindern bleiben sie aber bestehen, und dann wenden sich die Eltern in der Regel an Experten – in der Hoffnung auf Abhilfe.

Die Ursache von Tics ist unbekannt, aber man kann davon ausgehen, dass das Symptom durch eine Störung in den Nervenbahnen bedingt ist, die für die Steuerung der Muskeln in dem jeweiligen Bereich verantwortlich sind. Tics geschehen unwillkürlich. Bemühungen, sie einfach willentlich zu kontrollieren oder auszuschalten, bringen nichts und können das Problem sogar noch verschlimmern. Man kann versuchen, die Tics mit Medikamenten etwas zu unterdrücken, aber deren Wirksamkeit ist dürftig. Glücklicherweise lassen sich Tics jedoch behandeln, indem das Kind lernt, sie zu einem gewissen Grad zu beeinflussen. Diese Methode aus der kognitiven Verhaltenstherapie nennt man *Gewohnheitsumkehrtraining*.

Wenn Ihr Kind ein anhaltendes Tic-Symptom hat, das nicht von allein zu verschwinden scheint, sollten Sie mit ihm über den Tic sprechen. Regen Sie an, dem Tic einen Namen zu geben, damit das Kind leichter darüber sprechen kann, und ermutigen Sie es, im Spiegel zu beobachten, wie sein Tic aussieht. Für den Erfolg der Behandlung ist es wichtig, dass das Kind lernt, offen darüber zu sprechen – genau wie stotternde Kinder lernen müssen, mit ihrem Logopäden und den Angehörigen offen über ihr Stottern zu reden.

Wenn der Tic Ihres Kindes kein Tabu mehr ist, sondern etwas, über das man ganz sachlich sprechen kann, können Sie mit ihm den Ansatz der Gewohnheitsumkehr ausprobieren. Der erste Schritt kann die Einschätzung sein, wie häufig der Tic in einem bestimmten Zeitraum auftritt. Durch diese Quantifizierung kann man die Fortschritte im Auge behalten und das Kind davon überzeugen, dass es mit dieser Form des gezielten Übens zumindest eine gewisse Kontrolle über seinen Tic erlangen kann.

Regen Sie vielleicht auch an zu versuchen, dass es die Häufigkeit eines Tics absichtlich steigert:

> »Jetzt hast du vier Tics in einer Minute gehabt. Mal sehen, ob du absichtlich bis zu acht Tics in einer Minute schaffst.«

Wenn das Kind entdeckt, dass es den Tic bewusst häufiger erzeugen kann, erlaubt das auch die Vorstellung, dass es die Häufigkeit des Tics absichtlich reduzieren kann.

Ihre nächste Aufgabe besteht darin, dem Kind zu helfen, dass es im Voraus erkennen kann, wann ein Tic auftreten wird. Denn Menschen, die unter Tics leiden, haben in der Regel eine Art Vorahnung, die ihnen sagt, dass der Tic gleich kommen wird – ähnlich, wie wir alle irgendwie spüren, dass wir gleich husten oder niesen müssen. Dieses Vorgefühl ermöglicht es dem Kind, unmittelbar vor dem Tic absichtlich eine andere Bewegung auszuführen, um zu verhindern, dass der Tic ausgelöst wird. Diese Umkehrbewegung sollte dem Tic in gewisser Weise ähneln, aber weniger auffällig sein. Wenn das Kind z. B. den Tic hat, sich zu räuspern, kann es sofort, wenn es merkt, dass der Drang zum Räuspern kommt, einen tiefen Atemzug nehmen. Oder wenn das Kind den Tic hat, mit den Augen zu blinzeln, kann es die Augen kurz vor dem Blinzeln für einen Moment schließen.

Kinder bemerken ihre eigenen Tic-Symptome kaum, Eltern hingegen machen sich oft übermäßige Sorgen. Es ist wichtig zu verstehen, dass Tics kein Hinweis auf eine zugrunde liegende psychische Störung sind. Es sind einfach nur Tics. In der Regel verschwinden sie von selbst – und wenn nicht, können Kinder sich die Fähigkeit zulegen, ihre Tics einigermaßen in den Griff zu bekommen.

Traumatische Erfahrungen

Eltern geben ihr Bestes, um ihre Kinder vor emotionalen Traumata zu schützen, aber was auch immer sie tun: Sie können sie nicht gänzlich davor bewahren, dass schlimme Dinge geschehen. Irgendwann in der Entwicklung erleben alle Kinder unweigerlich erschütternde Dinge wie den Tod eines Familienmitglieds, Mobbing durch Geschwister oder Gleichaltrige, ein Verbrechen oder den Rauschzustand der Eltern, häusliche Gewalt, sexuelle Belästigung, Krankheit, Unfälle, Selbstmord, Feuer usw.

Kinder haben eine außergewöhnliche Fähigkeit, mit schlimmen Erlebnissen fertigzuwerden. Sie verarbeiten das Erlebte auf vielfältige Weise – z. B. indem sie einfach darüber nachdenken oder Bilder malen, mit der Familie und Freunden sprechen oder Spiele spielen, die ihnen helfen, das verstörende Erlebnis auf einer symbolischen Ebene zu bewältigen. Wahrscheinlich sind Kinder auch in der Lage, im Schlaf ihre negativen Erfahrungen in Träumen zu verarbeiten.

Wenn Ihr Kind etwas Traumatisches erlebt hat, sollten Sie sich als Erstes vergegenwärtigen, dass Kinder von Geburt an in der Lage sind, mit negativen Erfahrungen zurechtzukommen. Wenn Sie sich dennoch Sorgen machen, ob Ihr Kind das Erlebte gut verkraften kann, können Sie ihm helfen, sich davon zu erholen, indem Sie die folgenden Hinweise beachten:

- Drängen Sie Ihr Kind nicht, über seine Erfahrungen zu sprechen. Bieten Sie ihm stattdessen die Möglichkeit, Ihnen aus eigenem Antrieb davon zu erzählen, indem Sie einfach Zeit mit ihm verbringen.
- Wenn Sie den Eindruck haben, Ihr Kind sei noch nicht so weit, mit Ihnen über seine Erlebnisse zu sprechen, kann es jedoch offen dafür sein, diese zu verarbeiten, indem es etwas malt oder sich Geschichten anhört, in denen es um ähnliche oder vergleichbare Vorfälle geht.
- Wenn Ihr Kind mit Ihnen über das Erlebte sprechen möchte, hören Sie ihm zu, ohne es zu unterbrechen. Tun Sie Ihr Bestes, seine Fragen zu beantworten, und zeigen Sie besonderes Interesse an den Dingen, die es getan hat, um das Geschehene zu verkraften.

- Loben Sie Ihr Kind dafür, wie es zum Zeitpunkt des Vorfalls klug gehandelt hat, und dafür, wie es danach damit umgegangen ist.

Kinder erholen sich von fast allem, und die beste Art und Weise, wie wir sie unterstützen können, besteht darin, einfach präsent zu sein und ihnen zu zeigen, dass wir ihre eigenen individuellen Bewältigungsstrategien würdigen.

Beunruhigende Erlebnisse können Albträume auslösen. Im Abschnitt »Albträume« in diesem Kapitel erfahren Sie, wie Sie Kindern helfen können, diese zu überwinden. Die Scheidung der Eltern ist auch eine erschütternde Erfahrung, die sich im Leben vieler Kinder niederschlägt. Lesen Sie im Abschnitt »Scheidung« mehr darüber, wie Sie Kindern in einer solchen Situation helfen können.

Trennungsangst

Manchen Kindern fällt es schwer, sich zeitweise von ihren Eltern zu trennen. Ein Kind kann sich z. B. vehement dagegen wehren, im Kindergarten oder in der Schule zu bleiben, und sich verzweifelt an seine Eltern klammern. Wenn Ihr Kind Angst vor einer solchen Trennung hat und Sie ein schlechtes Gewissen haben, weil Sie Ihr weinendes Kind zurücklassen müssen, können Sie versuchen, das Problem mithilfe des Fähigkeitsansatzes anzugehen. Sich von seinen Eltern loszulösen ist eine wichtige Kompetenz, die sich jedes Kind früher oder später aneignen muss. Die meisten Kinder erlernen sie auf natürliche Weise ganz nebenbei, was keiner besonderen Aufmerksamkeit bedarf, aber einige Kinder finden es schwierig und brauchen Unterstützung.

Beginnen Sie damit, dass Sie gemeinsam mit Ihrem Kind einen lustigen Namen für die Trennungsfähigkeit erfinden, mit dem das Kind etwas anfangen kann. Sie kann z. B. »Bye-bye«, »Bis bald« oder »Machs gut!« heißen. Bei kleinen Kindern können Sie das zunächst mit einer Puppe oder einem Kuscheltier einüben: Machen Sie ein Spiel, bei dem z. B. das Kuscheltier lernen muss, sich von dem Kind zu lösen, weil es eine Zeit lang von den Großeltern betreut wird oder woanders hin muss. Durch so ein Spiel kann das Kind herausfinden, wie es dem Kuscheltier gelingen kann, für immer längere Phasen in fremder Obhut zu bleiben. Dann hat es diese Methoden schon mal zur Verfügung, wenn es Zeit ist, selbst das Loslösen von den Eltern im echten Leben zu üben. Seien Sie großzügig, wenn es darum geht, Ihr Kind für gute Ideen, fürs Ausprobieren und auch schon für kleine Fortschritte zu loben.

Übergewicht

Die zunehmende Fettleibigkeit bei Kindern ist weltweit ein großes gesundheitliches Problem. Die Ursachen dafür sind vielfältig – unter anderem schlechte, kalorienreiche Ernährung, ungesunde Essgewohnheiten und zu wenig körperliche Bewegung. Es ist eine große Herausforderung, Übergewichtigkeit bei Kindern zu bekämpfen, und der Erfolg hängt davon ab, inwieweit die Familie des Kindes sich in das Projekt einbringt, indem sie sich die gleichen gesunden Ernährungsgewohnheiten aneignet, die das Kind übernehmen soll. Manchmal versuchen Eltern, das Essverhalten des Kindes durch Moralpredigten, Restriktionen, autoritäre Ansagen und Verwarnungen zu beeinflussen, aber solche Taktiken sind kontraproduktiv und können das Problem eher noch verschlimmern. Besser ist der Versuch, das Interesse des Kindes an einer Gewichtsabnahme zu wecken und alle Pläne und Strategien gemeinsam mit ihm zu entwickeln.

Beginnen Sie das Gespräch mit Ihrem Kind, indem Sie sicherstellen, dass es weiß, warum es so wichtig ist, abzunehmen und sein Gewicht zu kontrollieren. Sie können auch eine Ernährungsberaterin oder eine sonstige medizinische Fachkraft bitten, mit Ihrem Kind zu sprechen und ihm die kurz- und langfristigen Vorteile einer Gewichtsreduktion zu erklären. Sobald Ihr Kind das verstanden hat, sollten Sie dieses Thema dann nicht mehr ansprechen. Konzentrieren Sie sich in den künftigen Gesprächen stattdessen ausschließlich auf Gewohnheiten, die zu *Gesundheit und Glück* beitragen und von denen es profitieren würde.

Erstellen Sie gemeinsam mit Ihrem Kind eine Liste mit verschiedenen gesundheits- und glücksfördernden Gewohnheiten. Dann darf das Kind entscheiden, welche der aufgelisteten Gewohnheiten es sich zuerst aneignen möchte.

Hier ist ein Beispiel dafür, wie eine Liste von gesundheits- und glücksfördernden Gewohnheiten aussehen könnte:

- statt Nachtisch ein Glas Wasser trinken
- die Treppe statt den Aufzug nehmen
- zu den Mahlzeiten nur normale Mengen verzehren
- Wasser statt Milch trinken
- Brot ohne Butter essen
- zu jeder Mahlzeit Gemüse oder Salat essen
- in einem Schnellrestaurant Salat bestellen
- langsam und in Ruhe essen
- eine Pizza mit jemand anderem teilen
- Karotten oder Apfelscheiben als Zwischenmahlzeit
- zu Fuß zur Schule gehen
- regelmäßig Sport treiben
- zuckerhaltige Getränke durch reines Wasser ersetzen.

Sobald Ihr Kind entschieden hat, welche dieser förderlichen Gewohnheiten es als erste üben möchte, helfen Sie ihm, einen Plan zu erstellen, wie es sich diese mit der Unterstützung seiner Familie und Freunde aneignen kann. Wenn es die Gewohnheit erfolgreich verinnerlicht hat, feiern Sie das und lassen Sie Ihr Kind entscheiden, welchen Punkt auf der Liste es als nächsten angehen möchte.

Lesen Sie dazu auch den nun folgenden Abschnitt »Ungesunde Ernährung«.

Ungesunde Ernährung

Wenn ein Kind übermäßig viele Lebensmittel mit hohem Fettgehalt und/oder geringem Nährwert wie Pizza, Burger, zuckerhaltige Limonaden und Süßigkeiten verzehrt, nimmt man gemeinhin an, dass das Problem nicht beim Kind selbst liegt, sondern bei den Eltern, die dies zulassen. Folglich versuchen Fachleute oft, das Problem zu lösen, indem sie die Eltern dahingehend beeinflussen, dass sie dem

Kind eine gesündere Ernährung bieten sollen. Das ist jedoch leichter gesagt als getan. Es ist bekannt, dass es uns Menschen schwerfällt bzw. nahezu unmöglich ist, unsere Gewohnheiten zu ändern. Es ist eine bessere Strategie für Fachpersonen, wenn sie sich auf das Kind statt auf die Eltern konzentrieren und ihm helfen, sich mit Unterstützung der Eltern gesündere Essgewohnheiten zuzulegen.

Wenn sich Ihr Kind ungesund ernährt, sprechen Sie mit ihm über das Thema gesundes Essen und sagen Sie ihm, Sie seien bereit, ihm bei der Umstellung auf eine gesündere Ernährung zu helfen. Beziehen Sie andere Erwachsene, die sich um das Kind kümmern, in das Gespräch mit ein und ermuntern Sie sie dazu, gemeinsam mit dem Kind bessere Essgewohnheiten zu entwickeln. Es ist für Ihr Kind leichter, seine Ernährung umzustellen, wenn dies nicht nur Ihr Wunsch ist, sondern ein Ziel, das alle unterstützen, die dem Kind wichtig sind.

Hüten Sie sich davor, Ihr Kind für den Verzehr ungesunder Lebensmittel zu kritisieren. Sprechen Sie stattdessen lieber darüber, warum es für uns alle wichtig ist, uns gesünder zu ernähren. Versuchen Sie nicht, Ihr Kind zu motivieren, indem Sie auf die negativen Folgen eines schlechten Essverhaltens hinweisen. Thematisieren Sie stattdessen die Vorteile einer gesunden Ernährung. Erstellen Sie gemeinsam eine Liste mit verschiedenen gesunden Lebensmitteln und Essgewohnheiten und lassen Sie Ihr Kind entscheiden, welche davon es zuerst ausprobieren möchte.

Anstatt Ihr Kind also zu kritisieren, sollten Sie es loben, wenn es sich gesünder ernährt. Am besten unterstützen Sie Ihr Kind, wenn Sie ein Vorbild sind und sich auch selbst ein gesünderes Essverhalten angewöhnen.

Wutanfälle

Im Alter von etwa 2 Jahren reagieren Kinder auf Enttäuschungen häufig mit heftigen Wutanfällen – mit Weinen, Schreien, Treten, Schlagen und dem Zerschmettern von Gegenständen. Der Grund für solche Reaktionen liegt in der noch nicht ausgereiften Entwicklung der Hirnrinde. Es mangelt ihnen sozusagen an der Fähigkeit, ihre

Wut und emotionalen Reaktionen zu kontrollieren, wenn sie sich über etwas aufregen.

Normalerweise wachsen sich Wutanfälle von selbst wieder aus, wenn die Kinder älter werden und ihr Gehirn reift, wodurch es Emotionen besser verarbeiten kann. Aber bei manchen Kindern dauert diese Entwicklung so lange, dass die Eltern nicht mehr wissen, was sie gegen solche Ausbrüche tun sollen. Wenn das Kind noch klein ist, hilft man ihm am besten über seine Wutanfälle hinweg, indem man sie ein Stück weit ignoriert oder, wenn möglich, das Kind auf den Schoß nimmt und versucht, es zu beruhigen – z. B. spricht man mit besänftigender Stimme oder streichelt ihm über den Kopf. Was bei den Kleinen funktioniert, klappt bei größeren Kindern in der Regel nicht und kann die Situation sogar noch verschlimmern.

> Ich hielt einmal bei einem Schulelternabend einen Vortrag, und am Ende der Veranstaltung kam eine Frau auf mich zu und fragte, ob ich ein paar Minuten Zeit hätte. Sie wollte von mir wissen, ob ich es für falsch halte, was sie mit ihrem **6-JÄHRIGEN SOHN** mache, der immer wieder heftige Wutanfälle hatte.
>
> »Was haben Sie denn gemacht?«, fragte ich neugierig.
>
> »Ich war mit ihm im Supermarkt, und er wollte, dass ich ihm etwas kaufe, was ich aber nicht kaufen wollte. Er reagierte so, wie er es schon oft getan hat. Er warf sich auf den Boden und fing an zu heulen und schreien und trat hemmungslos um sich. Ich weiß nicht, was über mich kam, aber ich hatte so die Nase voll von seinen Wutanfällen, dass ich – ohne es bewusst zu wollen – mich auch auf den Boden warf, anfing zu jammern und zu schreien und um mich zu treten – genau wie er.«
>
> »Okay, und was ist passiert?« Darauf war ich jetzt sehr gespannt.
>
> »Mein Sohn hielt kurz inne und kam dann zu mir, um mich zu stoppen: ›Mama, hör auf. Mach das nicht. Ich schäme mich für dich‹, sagte er zu mir – als hätte ich mich noch nie für seine Wutanfälle schämen müssen!«
>
> Ich bewunderte die Mutter für Ihren Mut und die Kreativität. Ich fragte sie, ob ihre Reaktion eine dauerhafte Wirkung auf ihren Sohn gehabt habe oder ob es vielleicht nur dieses eine Mal funktioniert habe.

»Er hat danach ein paar Mal versucht, einen Wutausbruch hinzulegen, aber wenn ich merkte, was bevorstand, habe ich ihm gesagt: Wenn er einen Anfall hat, werde ich auch einen haben ... und das hat gereicht.«

»Sie haben mich gefragt, ob ich denke, dass das, was Sie gemacht haben, falsch war«, sagte ich. »Ich denke, Sie haben klug gehandelt, und ich kann mir nicht vorstellen, dass das, was Sie gemacht haben, in irgendeiner Weise der Entwicklung Ihres Sohnes schaden könnte. Im Gegenteil, er kann stolz auf seine kreative und mutige Mama sein.«

Um über die Phase der Wutanfälle hinauszuwachsen, müssen Kinder Selbstbeherrschung entwickeln. Das ist eine Fähigkeit, die wir alle im Leben brauchen, um Konflikte mit Worten statt mit Fäusten und Waffen auszutragen. Wenn Sie Ihrem Kind helfen möchten, seine Ausraster in den Griff zu bekommen, können Sie damit beginnen, gemeinsam ein Wort für seine Anfälle zu finden. Das kann jeder beliebige Begriff sein, den das Kind passend findet – z. B. Anfall, Ausbruch, Explosion, Ausraster, Knall, Ausflippen, Wut, Zorneböckchen usw. Wenn der Wutanfall einen Namen hat, lässt sich leichter über das Problem sprechen, und man kann gleichzeitig die Grundlage für ein Gespräch darüber schaffen, was das Kind in Zukunft tun kann, um zu verhindern, dass es gleich wieder explodiert.

Fahren Sie fort, indem Sie mit Ihrem Kind darüber reden, was es tun könnte (die Betonung liegt hier auf dem Verb »tun«), wenn es wütend wird, damit es leichter wieder runterkommen kann und somit einen Wutanfall vermeidet:

»Was könntest du in solchen Situationen, in denen du wütend wirst, tun, das dir helfen würde, dich ein bisschen zu beruhigen – gerade genug, um das Ausrasten zu vermeiden?«

Helfen Sie Ihrem Kind, Mittel und Wege zu finden, wie es sich in brenzligen Situationen selbst wieder beruhigen kann. Es gibt unzählige Möglichkeiten, wie Kinder das erreichen können: z. B. bis zehn zählen, dreimal langsam ein- und ausatmen, etwas Besänftigendes zu sich selbst sagen, mit dem Fuß aufstampfen, sich aus der Situation herausziehen, mit jemandem reden usw.

EIN 5-JÄHRIGER JUNGE hatte eine wunderbare Idee, was er tun könnte, anstatt zu weinen, zu schreien und andere zu schlagen. Als seine Lehrerin ihn fragte, welche Fähigkeit er lernen müsse, um seine Wutanfälle zu verhindern, antwortete er, er müsse lernen zu schmollen.

Er schien trotz seines zarten Alters schon eine Ahnung davon zu haben, wie der Prozess funktioniert, Selbstbeherrschung zu erlangen; einer der ersten kleinen Schritte bei der Entwicklung dieser Fähigkeit kann in der Tat darin liegen, dass man lernt zu schmollen, anstatt sich aufzuregen.

Sobald Sie mit Ihrem Kind vereinbart haben, was es lernen möchte, um sich zu beruhigen, bieten Sie ihm möglichst viele Gelegenheiten, diese Fähigkeit zu üben. Sie können z. B. gemeinsam ein Spiel spielen, bei dem Sie so tun, als wäre das Kind wütend, weil irgendetwas passiert ist, und das Kind zeigt Ihnen dann, wie es sich mit seiner Taktik abreagiert. Wie sagt man so schön? – Übung macht den Meister!

Vergessen Sie nicht zu vereinbaren, wie Sie und auch andere das Kind an seine Selbstbeherrschungsfähigkeit erinnern können, wenn es in einer angespannten Lage ist. Eine vereinbarte Geste oder ein Geheimwort funktioniert in der Regel viel besser als jede sonstige Art von verbaler Erinnerung.

Weitere Anregungen, wie man Kindern mit Wutanfällen helfen kann, gibt es in der Geschichte über die 12-jährige Fanny im vorherigen Kapitel *(s. S. 90).* *Vielleicht lesen Sie auch gemeinsam mit Ihrem Kind das Bilderbuch »Linda zähmt ihren Tiger«, das ich aus der Perspektive des Fähigkeitsdenkens geschrieben habe.*

Zwangsstörungen

Zwangsstörung ist der medizinische Begriff für ein Problem, bei dem eine Person anhaltend unter sich aufdrängenden unrealistischen und angsterregenden Vorstellungen (sogenannten Zwangsgedanken) leidet. Viele Betroffene versuchen, diese mit teils abergläubischen, sich wiederholenden Handlungen oder Ritualen zu bekämpfen (man spricht von Zwangshandlungen). Ein Kind kann sich z. B. vor dem Schlafengehen Sorgen machen, dass die Haustür nicht abgeschlossen ist und in der Nacht Einbrecher eindringen könnten. Um die Angst zu überwinden, will das Kind sichergehen, dass die Tür abgeschlossen ist, und kontrolliert dies oder bittet seine Eltern darum. Aber schon bald kehrt die Sorge zurück und das Kind verlangt von seinen Eltern, die Tür erneut zu kontrollieren und abzuschließen. Dieser Kreislauf aus unrealistischer Befürchtung und dem erneuten Sichern der Tür kann sich viele Male wiederholen.

Die Angst vor Dreck und Keimen ist eine weitere häufige Erscheinungsform der Zwangsstörung. Das Kind befürchtet z. B., dass seine Hände schmutzig sind, obwohl es sie sich erst vor wenigen Minuten sorgfältig gewaschen hat. Um diese Angst zu überwinden, wäscht es sich ständig die Hände. Bei den für eine Zwangsstörung charakteristischen Sorgen geht es um die Befürchtung, dass etwas Schreckliches passiert sein könnte oder noch passieren wird. Das löst beim Kind starke Ängste aus, die wiederum ein Trigger für die Zwangshandlungen sind. Um die grundlose Angst loszuwerden, verlangt das Kind oft Zusicherungen von seinen Eltern. Wenn diese der Forderung des Kindes nach Beruhigung nachgeben, stellen sie bald fest, dass die damit erreichte Erleichterung nur vorübergehender Natur ist.

Verschiedene Zwangsgedanken und rituale sind bei Kindern weit verbreitet. Sie können bereits im Kindergartenalter auftauchen oder noch häufiger nach der Einschulung. Glücklicherweise sind die Ängste in den meisten Fällen harmlos und vorübergehend, aber aus irgendeinem Grund verfestigt sich bei einigen Kindern die Tendenz, dass sie unrealistische Sorgen entwickeln und Versuche unternehmen, sie mit Ritualen zu bezwingen. Dies kann zu einem hohen Leidensdruck führen – nicht nur beim Kind, sondern bei der ganzen Familie.

Eines der häufigsten Zwangssymptome ist die »Kontrolle« oder »Sicherung«. Das bedeutet, dass das Kind viele Male sicherstellt, dass z. B. der Herd abgestellt ist, die Kerzen ausgeblasen sind oder die Tür abgeschlossen ist. Viele Kinder überprüfen Dinge mehr als einmal, aber als Zwangsstörung gilt es erst, wenn sich das Kontrollieren ständig wiederholt und das Kind starke Angst empfindet, wenn es die Überprüfung nicht vornehmen kann. Im Folgenden habe ich ein paar weitere Beispiele für Zwangsvorstellungen und -handlungen aufgeführt, die bei Kindern häufig vorkommen:

- *Ordnungszwang* bedeutet, dass das Kind sich gezwungen fühlt, die Gegenstände in die »richtige« Reihenfolge zu bringen, und nicht aufhören kann, bevor es das Gefühl hat, dass alles genau richtig geordnet ist. Das Kind kann z. B. das zwingende Bedürfnis verspüren, jedes einzelne Kuscheltier und jede Puppe genau an der richtigen Stelle und in der korrekten Position zu platzieren oder die Bettdecke auf eine ganz bestimmte Weise zu falten.
- Beim *Horten* sammelt das Kind wertlose Gegenstände, die es im Hausmüll, auf der Straße oder sonstwo findet, und hat große Angst, wenn sich jemand an seiner »Sammlung« zu schaffen macht.
- *Wiederholungszwang* bedeutet, dass das Kind eine oder mehrere Handlungen wiederholt – in der abergläubischen Vorstellung, dass es dadurch etwas Schlimmes, das es sich in seiner Fantasie ausgemalt hat, verhindern kann. Zum Beispiel klopft es dreimal auf den Tisch oder wiederholt ein bestimmtes Wort in Gedanken soundso viele Male, um sicherzustellen, dass ihm oder seiner Familie kein Unheil zustoßen wird.
- Bei der *Angst vor fatalen Fehlern* hat ein Kind große Befürchtungen, einen schrecklichen Fehler begangen zu haben, der schwerwiegende Folgen für das Kind selbst oder seine Familie haben wird. Um seine Angst zu überwinden, verlangt das Kind von den Eltern die ständige Bestätigung, dass es nichts falsch gemacht hat oder dass nichts Schlimmes passieren wird.

Jeder macht sich mal Sorgen, und bei jedem sind diese auch hin und wieder unnötig oder überzogen. Glücklicherweise haben die meisten von uns Mittel und Wege gefunden, um mit übertriebenen Sorgen und unrealistischen Worst-Case-Szenarien umzugehen. Wir sind in der Lage, sie mit einem Schulterzucken abzutun. Wir können uns von solchen angstauslösenden Fantasien distanzieren, aber Menschen, die an einer Zwangsstörung leiden, scheinen diese Fähigkeit nicht zu besitzen. Sie werden von ihren angsteinflößenden Vorstellungen aufgefressen, und egal, wie sehr sie sich auch bemühen: Sie können die Sorgen nicht ziehen lassen. Loszulassen oder seinen schlimmen Befürchtungen nicht zu viel Gewicht zu verleihen ist eine wichtige

Fähigkeit, die wir alle lernen müssen, um das Leben unbeschwert genießen zu können.

Wenn Ihr Kind ein Zwangsproblem hat, sollten Sie sich vor Augen halten, dass Sorgen und Rituale bei Kindern sehr häufig vorkommen und dass das Problem in den allermeisten Fällen mit der Zeit von selbst verschwindet. Wenn die Ängste oder Rituale jedoch fortbestehen und Ihr Kind sowie die ganze Familie belasten, sollten Sie versuchen, ihm bei der Überwindung seiner zwanghaften Gedanken und Verhaltensweisen zu helfen.

Die erste Faustregel für Eltern betroffener Kinder lautet: Wenn das Kind aufgrund seiner Sorgen alle möglichen Sondervorkehrungen im Haushalt verlangt, sollten Sie sich bemühen, solchen Forderungen nicht nachzukommen. Wenn Ihr Kind beispielsweise Angst vor Keimen und Verunreinigungen hat und verlangt, dass jedes Mal, wenn jemand im Badezimmer war, sämtliche Handtücher ausgewechselt werden müssen, sollten Sie standhaft bleiben und der Versuchung widerstehen. Denn es ist nur vermeintlich hilfreich, wenn Sie auf die absurden Wünsche eingehen. Wenn Sie diesen zwanghaften Forderungen Folge leisten, mag das für Ihr Kind zwar vorübergehend entlastend sein, verschlimmert das Problem aber auf lange Sicht.

Beginnen Sie damit, gemeinsam mit dem Kind einen Namen für sein Zwangsproblem zu finden. Vielleicht hat es bereits ein Wort dafür, aber wenn nicht, schlagen Sie einfach etwas vor. In einer Familie hießen die Zwangsgedanken des Kindes »dumme Sorgen« und in einer anderen »alberne Ängste«. Ein Junge nannte seine Zwangsstörung »meine spezielle Macke« und ein anderer sprach von »klebrigen Gedanken« und einem »Feststecken«. Ihr Kind soll selbst entscheiden, wie seine Zwangsideen und -handlungen heißen sollen.

Niemand weiß, wo die Ursachen für die Sorgen und Rituale der Zwangsstörung liegen, aber eine Erklärung, die dem Kind plausibel erscheint, kann ihm helfen, Lösungen zu finden. Vielleicht fangen Sie mit einer Bemerkung wie dieser an:

> »Jeder von uns hat manchmal alle möglichen Sorgen und Ängste, und viele davon sind unnötig, auch wenn sie uns in dem Moment, in dem sie uns in den Sinn kommen, große Angst einjagen. Wenn

du geduldig bist und einfach eine Weile wartest, werden sie in der Regel verschwinden, da dann andere Gedanken ihren Platz einnehmen.«

Sie können Ihrem Kind dann vorschlagen, sich vorzustellen, dass die Sorgen von einem imaginären Wesen – sagen wir einem »kleinen Sorgenmonster« – herrühren, das vorbeikommt und Kinder auf alle möglichen beunruhigenden Gedanken bringt. Es fällt dem Kind leichter, Strategien zum Ignorieren seiner Sorgen zu entwickeln, wenn es sich vorzustellen vermag, dass es nicht selbst schuld ist, wenn es in einer Sorge gefangen ist, sondern dass diese von einem Fantasiewesen ausgelöst wird. Wenn das Kind mit dieser Vorstellung etwas anfangen kann, bitten Sie es, ein Bild von diesem kleinen Sorgenmonster zu malen – das wird ihm helfen, etwas Abstand zu seinem Problem zu gewinnen.

Bevor Sie sich neue Methoden ausdenken, mit denen sich Ihr Kind aus dem Bann seiner Befürchtungen befreien kann, sollten Sie herausbekommen, welche erfolgreichen Mittel es möglicherweise schon selbst gefunden hat. Sie sollten sich auch nicht scheuen, ihm von Ihren persönlichen Methoden zur Bewältigung hartnäckiger Sorgen zu erzählen. Erklären Sie ihm, dass täglich alle möglichen Arten von Sorgen und Ängsten in unserem Kopf auftauchen und dass jeder von uns Wege finden muss, mit ihnen zurechtzukommen und sie auch wieder ziehen zu lassen, damit sie uns nicht behindern und unser Leben belasten.

Angenommen, Ihr Kind ist empfänglich für die Idee des imaginären Sorgenmonsters, dann können Sie gemeinsam Strategien entwickeln, wie es sich gegen dieses Wesen wehren und sich aus seinem Bann befreien kann. Die Vorstellung von dem kleinen Monster wird es dem Kind leichter machen, hier selbst kreativ zu werden und Lösungen zu finden: Es kann z. B. bewusst darauf verzichten, die geforderten Kontrollrituale durchzuführen, oder bewusst die Sorgen und Ängste ignorieren, die es nach dem Willen dieses Wesens haben soll.

Das langfristige Ziel ist es, Ihrem Kind dabei zu helfen, dass es seine abergläubischen Ängste ignoriert, aber das ist leichter gesagt als getan. Es ist sinnvoll, mit einem bescheideneren Ziel zu beginnen,

z. B. mit der Fähigkeit, Sorgen für eine Weile zu auszublenden oder sie für immer längere Zeit auf Eis zu legen. Wenn Ihr Kind Ihnen z. B. vor dem Schlafengehen von einer Befürchtung erzählt, können Sie diese auf einen Zettel schreiben und unters Kopfkissen legen. Ihr Kind wird bestimmt erleichtert sein, wenn es morgens aufwacht und feststellt, dass die Sorge verschwunden ist und ihm keinen Ärger mehr bereitet.

Weitere Ideen, wie man Kindern mit Zwangsstörungen helfen kann, finden Sie in einem Artikel, den ich zu diesem Thema geschrieben habe (»Brief therapy for children [and adults too] suffering from OCD« können Sie auf meiner Website www.benfurman.com abrufen – melden Sie sich dazu im Download-Bereich an und wählen Sie »Artikel zum Herunterladen«).

● ● ●

Wenn Sie bis hierhin gelesen haben, haben Sie wahrscheinlich schon einen ziemlich guten Eindruck bekommen, was ich unter dem Fähigkeitsdenken in der Erziehung verstehe. Vielleicht ist es mir gelungen, Sie in Ihrer Haltung zu bestärken oder Sie zu inspirieren, die Entwicklung Ihres Kindes mit neuen Augen zu sehen. In jedem Fall hoffe ich, dass ich in Ihnen den Wunsch geweckt habe, diesen Ansatz mit Ihrem Kind auszuprobieren. Zu diesem Zweck folgen nun ein paar nützliche Tipps, die Ihnen hoffentlich helfen werden, häufige Fallstricke zu vermeiden, wenn Sie sich auf den Weg machen, das Fähigkeitsdenken in Ihrer Familie in die Tat umzusetzen.

8 WAS SONST NOCH ZU BEACHTEN IST

In herausfordernden Situationen helfen Sie Ihrem Kind am besten, wenn Sie mit ihm an einem Strang ziehen.

Wenn Sie nach der Lektüre dieses Buches vom Fähigkeitsdenken inspiriert sind und den Ansatz mit Ihrem eigenen Kind oder einem Kind, das Sie betreuen, in die Praxis umsetzen möchten, sind die nun folgenden Tipps bestimmt hilfreich.

1. Sorgen Sie zunächst für eine gute Verbindung zum Kind!

Der Kompetenzansatz basiert auf der Zusammenarbeit mit dem Kind. Damit er funktioniert, müssen Sie zunächst einen Kontakt aufbauen. Es gibt dazu viele Möglichkeiten: Sie können z. B. einen geeigneten Zeitpunkt für das Gespräch wählen und das Kind in irgendeiner Form auf das Gespräch vorbereiten; oder Sie beginnen damit, es für seine guten Eigenschaften zu loben. Eine geschickte Art, die Verbindung zum Kind herzustellen, bevor Sie mit ihm über die erwünschten Fähigkeiten sprechen, ist, dass Sie sich zunächst über die vielen Stärken unterhalten, die es bereits besitzt und in denen es immer besser wird. Dann ist es für Kinder viel einfacher, sich mit dem Gedanken anzufreunden, dass es neue Fähigkeiten gibt, von denen sie profitieren können.

2. Vergewissern Sie sich, dass das Kind die Fähigkeit auch wirklich erlernen möchte!

»Wie bringe ich mein Kind dazu, die Fähigkeiten zu lernen, die ich mir wünsche?« ist eine Frage, die ich oft höre, wenn ich mit Eltern oder anderen Erziehenden über das Fähigkeitsdenken spreche. Ich habe diese Frage auch immer wieder Leuten gestellt, die mir davon berichtet haben, wie sie den Ansatz bei ihren eigenen Kindern angewendet haben. Hier sind einige ihrer Antworten:

> »Wir haben zwei leibliche Kinder und ein Pflegekind. Wir haben das Problem gelöst, indem wir beschlossen haben, dass jeder von uns – nicht nur das Pflegekind, sondern auch unsere beiden anderen Kinder sowie mein Mann und ich – eine Fähigkeit erlernen sollte. Ich glaube, dass es für unsere Pflegetochter viel leichter war, etwas Neues anzupacken, weil nicht nur sie das tun musste, sondern wir alle.«

> »Ich wusste, dass meine Tochter nicht bereit war, die Fähigkeit zu lernen, die ich von ihr verlangte. Also ließ ich sie zunächst etwas anderes aussuchen, das sie unbedingt lernen wollte. Erst als sie diese selbst gewählte Fähigkeit beherrschte und wir ihren Erfolg gefeiert hatten, schlug ich vor, dass sie nun die Fähigkeit erlernen sollte, die ich mir wünschte. Jetzt war sie dazu bereit, aber ich glaube nicht, dass es geklappt hätte, wenn ich schon am Anfang versucht hätte, sie dazu zu überreden.«

> »Ich habe einen günstigen Moment abgewartet, um über die Fähigkeit zu sprechen, die mein Sohn lernen müsste. Wir waren auf der Fahrt zu meiner Mutter, und mein Sohn und ich waren beide gut gelaunt. Ich begann damit, über einige Fähigkeiten zu sprechen, die er bereits beherrschte, bevor ich das erwähnte, was er nun lernen sollte. Ich glaube, es ist wichtig, auf das Timing zu

achten. Ich denke, es ist mir gelungen, den richtigen Zeitpunkt zu wählen, um die Sache anzusprechen.«

»Ich wusste: Wenn ich meiner Tochter sagen würde, ich möchte, dass sie die Fähigkeit erlernt, die ich im Kopf hatte, würde sie sich nicht darauf einlassen. Ich hatte schon oft versucht, über das Thema zu sprechen, und sie hat es jedes Mal abgeblockt. Also beschloss ich, es anders zu versuchen. Ich erzählte ihrem Vater, meinem Ex-Mann, vom Kompetenzansatz und von der Fähigkeit, die unsere Tochter lernen sollte. Glücklicherweise stimmte er mir zu, dass dies etwas Wichtiges sei, das sie gut gebrauchen könnte. Ich erinnerte ihn daran, dass unsere Tochter ihn abgöttisch liebt und dass sie vielleicht eher bereit wäre, das zu erlernen, wenn der Vorschlag von ihm käme und nicht von mir. Er willigte ein, mit ihr zu sprechen, und es funktionierte. Ich denke, in unserem Fall war es besser, dass der Vorschlag vom Vater kam und nicht von mir.«

»Nach dem Workshop ging ich nach Hause und erzählte meinem Sohn, was ich gelernt hatte. Ich zeigte ihm ein paar Bilder und erklärte ihm die Idee, dass Kinder alle möglichen Arten von Schwierigkeiten durch das Erlernen von Fähigkeiten überwinden können. Dann fragte ich ihn, ob er mir helfen wolle, die Methode umzusetzen, d. h., ob ich den Ansatz bei ihm ausprobieren dürfe. Er stimmte bereitwillig zu, und als er erst mal ›Ja‹ gesagt hatte, war es eine Leichtigkeit, sich auf eine Fähigkeit zu einigen, die er lernen sollte.«

Das alte Sprichwort »Du kannst ein Pferd zum Wasser führen, aber du kannst es nicht zum Trinken zwingen« gilt auch für Kinder. Wir können Kinder nicht dazu zwingen, das zu lernen, was wir von ihnen erwarten, aber wir können ihr Interesse wecken – als würde man einem Pferd etwas Salz geben, um es so durstig zu machen, dass es am Fluss Wasser trinken möchte.

3. Die Fähigkeit sollte nicht das benennen, womit das Kind aufhören soll

Ich betone immer wieder, dass man bei der Anwendung des Fähigkeitsdenkens auf Folgendes achten sollte: Wenn man von einer erwünschten Fähigkeit spricht, muss man immer so formulieren, dass das Lernziel lautet, sich auf eine gewünschte Art und Weise zu verhalten, und nicht, dass man lernt, mit einer unerwünschten Verhaltensweise aufzuhören. Wenn ein Kind z. B. lernen soll, nicht mit vollem Mund zu sprechen, sollte die nötige Fähigkeit nicht heißen: »Ich werde lernen, nicht mit vollem Mund zu sprechen«, sondern so:

> »Ich werde lernen, dass ich warte, bis mein Mund leer ist, bevor ich spreche.«

Wenn ein Kind sich nicht mehr mit anderen Kindern prügeln soll, sollte die Fähigkeit statt »Ich werde aufhören, mich mit anderen Kindern zu prügeln« z. B. lauten:

> »Ich werde lernen, meine Hände in die Hosentaschen zu stecken und wegzugehen, wenn ich mit anderen Kindern aneinandergerate.«

Mit anderen Worten: Achten Sie darauf, dass Sie in Bezug auf Fähigkeiten immer positiv formulieren, was Ihr Kind aktiv tun soll, und nicht über die unerwünschten Dinge sprechen, die es sich abgewöhnen soll.

4. Sorgen Sie dafür, dass die Fähigkeit etwas Konkretes ist, was das Kind aktiv tun oder sagen kann!

Wenn Eltern zum ersten Mal darüber nachdenken, welche Fähigkeiten ihr Kind erlernen sollte, denken sie oft zunächst an anspruchsvolle Kompetenzen, die für Kinder zu komplex und unverständlich sind. Eltern sagen z. B., dass das Kind ihrer Meinung nach »mehr Selbstvertrauen haben«, »eine bessere Selbstkontrolle entwickeln«, »eine bessere Einstellung« oder »mehr Einfühlungsvermögen« haben müsse. Kinder können mit einer derart abstrakten und differenzierten Erwachsenensprache wenig anfangen, weil diese Begriffe ihnen keine Anhaltspunkte dafür geben, was sie ganz genau tun oder sagen sollen. Damit Kinder neue Fähigkeiten erlernen können, müssen diese also konkret sein – etwas, das man in Rollenspielen vorführen und am besten sogar auf Video aufnehmen kann. Nur wenn die Fähigkeit so greifbar ist, dass man sie demonstrieren kann, kann das Kind sie übernehmen und einüben – und dabei von anderen eine positive Rückmeldung über seine Bemühungen und Fortschritte erhalten.

5. Treffen Sie eine Vereinbarung, wie Sie das Kind erinnern sollen!

Damit der Fähigkeitsansatz funktioniert, ist es wichtig, dass Sie diesen Punkt im Kopf behalten: Treffen Sie mit dem Kind eine Vereinbarung darüber, wie Sie und andere Personen es an seine Aufgabe erinnern werden, wenn es diese mal vergisst. Sie könnten z. B. sagen:

> »Schatz, welches Zeichen oder welches Zauberwort sollen wir benutzen, um dich an deine Fähigkeit zu erinnern, wenn du mal nicht daran denkst?«

So können Sie Ihr Kind dazu bringen, gemeinsam zu planen, wie es mit Rückschlägen oder gelegentlichen Ausrutschern umgehen kann – und zwar auf eine gelassene und konstruktive Art und Weise, die mit dem Fähigkeitsdenken im Einklang steht.

6. Bereiten Sie sich auf Herausforderungen vor!

Die Kompetenzorientierung ist kein Allheilmittel für jedes kindliche Problem. Die Anwendung dieses Ansatzes in der Praxis macht oft Spaß und ist lohnend, kann aber auch herausfordernd und mühsam sein. Das anfängliche Interesse des Kindes lässt möglicherweise nach, eventuell tauchen neue und unerwartete Probleme auf, die Zusammenarbeit mit anderen Erwachsenen ist vielleicht nicht so einfach wie erhofft und so weiter. In den meisten Fällen sind solche Hindernisse überwindbar, aber es ist gut zu wissen: Wenn das Denken in Fähigkeiten allein nicht ausreicht, lässt es sich immer auch noch mit anderen Lösungsansätzen kombinieren.

9 FÄHIGKEITSDENKEN IN SCHULEN

Das Fähigkeitsdenken verbessert die Schulatmosphäre und fördert die Zusammenarbeit aller Beteiligten.

Bisher habe ich mich in diesem Buch darauf konzentriert, wie Eltern das Fähigkeitsdenken anwenden können, um die Entwicklung der eigenen Kinder zu unterstützen. Aber es ist sicherlich deutlich geworden, dass auch Lehrer, Erziehende und andere pädagogisch Tätige gleichermaßen davon profitieren können, wenn sie diese Denkweise in ihrer täglichen Kommunikation mit Schülern und deren Erziehungsberechtigten anwenden.

Eine Lehrerin sagte, dass das Denken in Fähigkeiten ihre Art des Umgangs mit den Schülern völlig umgekrempelt habe:

> »Früher«, sagte sie, »wenn eine Schülerin zu spät kam, bin ich auf sie zugegangen und habe sie gefragt: ›Warum kommst du schon wieder 15 Minuten zu spät?‹, aber das brachte gar nichts. Heute beginne ich das Gespräch anders. Anstatt sie mit ihrer Verspätung zu konfrontieren, frage ich: ›Was kannst du tun, damit

> du dich morgen etwas weniger verspätest?‹ Es mag komisch klingen, aber wenn ich das Gespräch so einleite, reagiert die Schülerin anders, und wir haben am Ende einen guten Austausch über das Thema.«

Die Arbeit mit Schülern

Sehen wir uns an, wie sich das Fähigkeitsdenken nutzen lässt, um das immer häufiger auftretende Problem zu lösen, dass Schüler den Unterricht stören. Störendes Verhalten kann ganz unterschiedliche Formen annehmen. In einem Internetforum fand ich den Beitrag eines Schülers, der vielfältige Arten auflistete, wie man den Unterricht stören kann, darunter:

- lachen
- kichern
- mit einem Klassenkameraden reden
- schreien
- dem Lehrer die Meinung sagen
- rumtoben
- Nachrichten rumschicken
- die Hausaufgaben nicht erledigen
- bei Tests abschreiben
- immer mit »Ich weiß nicht« oder »Keine Ahnung« antworten
- pfeifen
- singen
- Selbstgespräche führen
- trommeln
- mit dem Handy daddeln
- im Unterricht vor sich hin träumen
- wichtige Zettel zerreißen
- mit dem Stuhl kippeln
- auf dem Tisch herumkritzeln
- Schulbücher vollschmieren
- Sachen kaputt machen
- herumfluchen
- mit den Fingern schnippen
- den Lehrer absichtlich unterbrechen
- ohne Erlaubnis das Klassenzimmer verlassen
- SMS lesen und schreiben
- telefonieren
- Tiktok-Videos anschauen

Eine gängige Reaktion von Lehrern auf das störende Verhalten der Schüler ist das, was man als »Bestrafungsansatz« bezeichnen könnte. Danach würde der Lehrer den Schüler beispielsweise verwarnen, ihn aus dem Klassenzimmer schicken, die Erziehungsberechtigten informieren, ihn in die erste Reihe setzen, zum Direktor schicken oder nachsitzen lassen. Dieser Fokus auf Konsequenzen mag vernünftig klingen, aber wie alle Lehrenden wissen, funktioniert das nicht besonders gut, und es besteht ein erhebliches Risiko, dass es sich auf das Verhalten des Schülers eher negativ als positiv auswirkt.

Eine Lehrkraft, die in Fähigkeiten denkt, würde sich einem störenden Schüler anders nähern. Sie ginge davon aus, dass er sich tief in seinem Inneren gar nicht störend verhalten will und dass er sein Verhalten ändern würde, wenn er nur wüsste, wie.

Im Folgenden führe ich Ihnen Schritt für Schritt vor Augen, wie Sie als Lehrperson den Fähigkeitsansatz anwenden könnten, um das Problem zu lösen:

1. Nehmen Sie sich Zeit für ein Gespräch mit dem Schüler unter vier Augen.
2. Wenn Sie verärgert oder gereizt sind, beruhigen Sie sich zunächst auf irgendeine Weise, bevor Sie mit dem Schüler sprechen.
3. Beginnen Sie das Gespräch, indem Sie erst über seine Stärken sprechen: Dinge, die er gut kann, und positive Charaktereigenschaften, auf die er stolz sein kann.
4. Sagen Sie dem Schüler nicht sofort, warum Sie mit ihm sprechen wollen. Bitten Sie ihn stattdessen zu raten, warum Sie ihn zum Gespräch gebeten haben. Wenn er richtig rät, können Sie ihn für seine Einsicht loben, dass sein Verhalten noch verbesserungswürdig ist.
5. Fragen Sie den Schüler nicht, warum er sich so verhält. Solche typischen Erwachsenenfragen klingen in Schülerohren wie Tadel. Die Schüler wissen in der Regel nicht, warum sie sich so verhalten, wie sie es tun, und fühlen sich von »Warum-Fragen« genervt.
6. Anstatt das störende Verhalten des Schülers im Detail zu beschreiben, sprechen Sie mit ihm darüber, wie Sie möchten, dass er sich in den Situationen verhält, in denen er zum Stören neigt. Zum Beispiel:

- »Was könntest du tun, statt im Unterricht mit anderen Schülern zu schwatzen?«
- »Was würde dir helfen, an deinem Platz sitzen zu bleiben?«
- »Was könntest du tun, anstatt auf deinem Tisch zu trommeln?«

7. Es ist schwierig, Gewohnheiten abzulegen. Gehen Sie davon aus, dass der Schüler nicht in der Lage sein wird, sein Verhalten ohne die Unterstützung anderer Menschen zu ändern. Bitten Sie ihn, darüber nachzudenken, auf welche Weise ihm Klassenkameraden und andere Lehrer außer Ihnen noch zusätzlich helfen könnten, d. h., wie andere Personen ihm positives Feedback für seine Fortschritte geben und ihn auf freundliche Weise an das wünschenswerte Verhalten erinnern könnten, wenn er es versäumt, daran zu denken.
8. Behalten Sie die Fortschritte des Schülers im Auge und geben Sie ihm auch bei kleinen Erfolgen positives Feedback. Vergessen Sie nicht, den Mitschülern und anderen Lehrern für ihre Unterstützung und Ermutigung zu danken. Informieren Sie, wenn möglich, die Eltern des Schülers über die positiven Veränderungen und liefern Sie ihnen einen guten Anlass, stolz auf ihr Kind zu sein.

Ein Video, in dem ich diesen Ansatz Schritt für Schritt erkläre, ist auf meinem Youtube-Kanal verfügbar unter: https://youtu.be/NLyXgD38bJo.

Das Fähigkeitsdenken erhöht die Wahrscheinlichkeit, dass das Gespräch mit einem Schüler konstruktiv verläuft. Wenn der Fokus nicht auf dem Problem, sondern auf der Fähigkeit liegt, die der Schüler lernen soll, ist es auch sinnvoll, zurückzublicken und mit ihm über einige Gelegenheiten zu sprechen, in denen er diese Kompetenzen bereits unter Beweis stellen konnte. Angenommen, das Problem wäre Unpünktlichkeit, dann könnte der Lehrer z. B. sagen:

»Du bist diese Woche zweimal pünktlich zur Schule gekommen. Wie hast du das geschafft? Was hast du gemacht, damit du pünktlich bist? Hat dir jemand geholfen, oder hast du es allein hingekriegt? Deine Eltern werden sich sicher freuen, wenn ich ihnen erzähle, dass sich das gebessert hat.«

Die Arbeit mit Eltern

Lehrer können über das Fähigkeitsdenken ihre Kommunikation nicht nur mit Schülern, sondern auch mit Eltern besser gestalten. Wenn Kinder irgendwelche Probleme in der Schule haben, informieren Lehrer in der Regel einfach die Eltern und erwarten, dass sie sich die Sache zu Herzen nehmen und etwas zur Lösung beitragen. Der Nachteil dieses scheinbar vernünftigen Ansatzes ist, dass er die Eltern in die Defensive treibt.

Wenn der Lehrer beispielsweise einer Mutter mitteilt, dass ihr Sohn sich in der Schule schlecht benimmt und zum Lehrer unverschämt ist, wird die Mutter sich voraussichtlich angegriffen und kritisiert fühlen. Sie reagiert dann entsprechend und könnte z.B. anfangen, ihren Sohn zu verteidigen:

- »Ich weiß, dass das nicht nur bei ihm so ist. Warum hacken Sie ausgerechnet auf ihm herum?«
- »Ich finde, Sie müssen ihm gegenüber mehr Verständnis aufbringen. Er hat ADHS und macht gerade eine schwere Zeit durch, weil ich mich von meinem Mann scheiden lasse.«

Oder sie kann die Schuld auf jemand anderen schieben:

- »Ich gebe mir große Mühe, um ihm gutes Benehmen beizubringen, aber sein Vater hat einen sehr schlechten Einfluss auf ihn.«
- »Ich frage mich, warum er so unhöflich mit Ihnen spricht, denn zu den anderen Lehrern ist er immer freundlich.«

Das Fähigkeitsdenken funktioniert besser als die herkömmliche Vorgehensweise, »Eltern zu informieren«, weil die Erziehungsberechtigten sich nicht in der Defensive fühlen. Wenn eine Lehrkraft die Eltern nicht einfach nur über das Problemverhalten ihres Kindes informiert, sondern stattdessen die Fähigkeiten thematisiert, die der Schüler erlernen könnte, fällt es auch den Eltern leichter, mit den Lehrern zusammenzuarbeiten, um Wege zu finden, wie das Kind die fehlenden Kompetenzen entwickeln kann.

Versetzen Sie sich in die Lage der Mutter, die einen Anruf vom Lehrer ihres Sohnes bekommt, der mit ihr über das Verhaltensproblem des Jungen spricht und dabei den Kompetenzansatz anwendet.

Der Lehrer könnte ihr z. B. sagen:

> »Ihr Sohn ist klug und bei seinen Mitschülern beliebt, aber es gibt eine Fähigkeit, die ihm meiner Meinung nach nützen würde, wenn er sie sich aneignen könnte. Die Art und Weise, wie er mit anderen Menschen spricht, wirkt manchmal unhöflich. Ich glaube, er würde davon profitieren, wenn er lernen würde, sich höflicher und rücksichtsvoller auszudrücken. Was meinen Sie dazu? Würden Sie zustimmen, dass es für ihn gut wäre, das zu lernen?«

Wenn Lehrer mit der Haltung des Fähigkeitsdenkens auf Eltern zugehen, können sie vermeiden, die Eltern zu beschuldigen oder kritisieren. Die Verlagerung des Schwerpunkts von den Problemen hin zu den Fähigkeiten erleichtert es den Eltern, mit der Lehrkraft konstruktiv zu besprechen, wie sie ihrem Kind am besten helfen können, die Aspekte zu stärken, in denen es Verbesserungsbedarf gibt.

Die Arbeit mit der ganzen Klasse

Lehrkräfte, Schulsozialarbeiter und das sonstige Schulpersonal können von der Anwendung des Fähigkeitsdenkens in ihren täglichen Gesprächen mit einzelnen Schülern und den Erziehungsberechtigten profitieren, aber der Ansatz eignet sich auch für die Anwendung mit der gesamten Schulklasse, wenn man die Klassenatmosphäre verbessern will.

Ich habe mithilfe einiger Kollegen und Lehrer eine Vorlage für ein kompetenzorientiertes Projekt mit dem Namen *Meisterklasse* entwickelt. Dabei handelt es sich um ein spielerisches Programm, bei dem die Schüler wesentliche soziale Fähigkeiten einüben und sich dabei gegenseitig unterstützen. Es beginnt damit, dass die Lehrkraft der Klasse anbietet, an dem Programm Meisterklasse teilzunehmen. Zu diesem Zeitpunkt wissen die Schülerinnen und Schüler noch nicht, worum genau es bei dem Projekt geht, aber man sagt ihnen, dass es bei erfolgreicher Teilnahme eine feierliche Zeremonie mit den Eltern geben werde, bei der der Schulleiter die Klasse mit einem besonderen Meisterklasse-Zertifikat auszeichnen werde.

Wenn die Schüler sich für das Projekt interessieren, erklärt die Lehrkraft ihnen, dass sie zur Durchführung die Genehmigung des Schulleiters benötigen. Dafür müssen sie einen Antrag schreiben, in dem sie den Direktor um Genehmigung des Projektes bitten. Die Lehrkraft erteilt der Klasse erst dann konkrete Anweisungen, wenn sie grünes Licht von der Schulleitung bekommen hat.

Das Meisterklasse-Projekt besteht aus zwei Phasen; in der ersten sollen die Schüler ihrem Lehrer zeigen, dass sie die Projektidee verstanden haben und in der Lage sind, Fähigkeiten zu entwickeln, indem sie sich gegenseitig helfen. Die Lehrkraft erklärt den Schülern, dass sie eine von sechs Fähigkeiten auswählen können, an der die Klasse gemeinsam arbeiten wird. Die sechs Optionen sind:

1. Wir schaffen es, unsere Hausaufgaben zu erledigen.
2. Wir schaffen es, für den Unterricht zur Ruhe zu kommen.
3. Wir schaffen es, unsere Meinungsverschiedenheiten und Streitigkeiten selbst zu lösen.
4. Wir schaffen es, die Hand zu heben, wenn wir etwas sagen möchten.
5. Wir schaffen es, unseren Lehrern aufmerksam zuzuhören, wenn sie etwas ansagen.
6. Wir schaffen es, dafür zu sorgen, dass wir alle nötigen Materialien in der Schule dabeihaben.

Wenn sich die Schülerinnen und Schüler auf eine dieser Fähigkeiten geeinigt haben, die sie gut beherrschen wollen, teilt die Lehrkraft die Klasse in Lernteams bzw. Gruppen von drei bis vier Schülern ein. Deren Aufgabe ist es, sich gegenseitig beim Einüben der Fähigkeit zu unterstützen. Der Lehrer erklärt, dass jedes Team planen muss, wie sie einander helfen, wie sie sich gegenseitig loben, wenn sie die Fähigkeit unter Beweis stellen, und wie sie sich gegenseitig daran erinnern, wenn sie sie mal vergessen.

Wenn Schüler und Lehrer sich einig sind, dass die Klasse die Fertigkeit erlernt oder zumindest signifikante Fortschritte gemacht hat, bekommen die Schüler Anweisungen für die nächste Phase des Projekts. In dieser zweiten Phase wählt jeder Schüler eine Fähigkeit, die er persönlich verbessern möchte. Als Hilfestellung bei der Suche nach einem geeigneten Projekt bietet die Lehrkraft 22 Fähigkeiten an, von denen jeder Schüler eine auswählen kann, um daran zu arbeiten – für jede Fähigkeit gibt es eine Bildkarte:

1. Ich schaffe es, zu warten, bis ich dran bin.
2. Ich schaffe es, anderen zuzuhören, ohne sie zu unterbrechen.
3. Ich schaffe es, vor der Klasse zu sprechen.
4. Ich schaffe es, an einer Aufgabe dranzubleiben.
5. Ich schaffe es, zu akzeptieren, dass mir manchmal etwas misslingt oder ich Fehler mache.
6. Ich schaffe es, beim Spielen ein guter Verlierer zu sein.
7. Ich schaffe es, anderen zu helfen.
8. Ich schaffe es, für andere einzustehen, wenn sie geärgert werden.
9. Ich schaffe es, mich leise zu bewegen.
10. Ich schaffe es, ordentlich zu essen.
11. Ich schaffe es, um Hilfe zu bitten.
12. Ich schaffe es, zwischen zwei Aktivitäten zu wechseln.
13. Ich schaffe es, zu akzeptieren, dass ich nicht immer bekomme, was ich will.
14. Ich schaffe es, mich schlagfertig mit Worten zu verteidigen, wenn mich jemand ärgert.
15. Ich schaffe es, »Entschuldigung« zu sagen.
16. Ich schaffe es, freundlich um etwas zu bitten.
17. Ich schaffe es, anderen Mut zu machen.
18. Ich schaffe es, bei anderen mitzumachen.
19. Ich schaffe es, stolz auf meine Leistungen zu sein.
20. Ich schaffe es, mich bei anderen zu bedanken.
21. Ich schaffe es, anderen Komplimente zu machen.
22. Ich schaffe es, »Nein« zu sagen, wenn es angebracht ist.

Die Lehrkraft geht die Liste mit den Schülern durch und hilft ihnen zu verstehen, was die Beherrschung der einzelnen Fähigkeiten in der Praxis bedeutet. Sobald die Schüler mit allen 22 Fertigkeiten vertraut sind, können sie selbst entscheiden, in welcher davon sie besser werden möchten. Wenn sie ihre Wahl getroffen haben, werden sie angewiesen, in ihrem Lernteam einen Plan zu erstellen, wie sie sich gegenseitig unter die Arme greifen können, damit jeder seine Aufgabe bewältigt. Der Lehrer erklärt, dass der Plan auch in dieser zweiten Phase eine Vereinbarung darüber enthalten sollte, wie die Schüler die Fortschritte der anderen beobachten, wie sie einander loben und sich gegebenenfalls gegenseitig an ihre Projekte erinnern. Die Lehrkraft hat dafür zu sorgen, dass das Projekt nicht in Vergessenheit gerät und in regelmäßigen Abständen eine Nachbereitung stattfindet.

Wenn sowohl die Schüler als auch die Lehrkraft der Meinung sind, dass alle aus der Klasse ihre Fähigkeiten erlernt bzw. ausreichende Fortschritte gemacht haben, findet die im Voraus geplante Feier statt. Dabei überreicht der Schulleiter der Klasse das Meisterklasse-Zertifikat, und die Schüler haben die Möglichkeit, dem Publikum zu erzählen, wie sie ihre Fähigkeiten entwickelt haben und – was noch wichtiger ist – wie es ihnen gelungen ist, sich auf dem Weg dahin gegenseitig zu helfen.

Die in Finnland sowie in Russland und China durchgeführte Ergebnisforschung zum Projekt Meisterklasse hat gezeigt, dass sich die Durchführung des Programms unter anderem positiv auf das Klassenklima, die Zusammenarbeit der Schüler und die Arbeitszufriedenheit der Lehrenden auswirkt.

Mehr Informationen zum Projekt Meisterklasse finden Sie auf meinem Youtube-Kanal, wo ich eine eigene Playlist mit Videos nur zu diesem Thema zusammengestellt habe (verfügbar unter: www.youtube.com/benfurmantv). Ein Paket, das die Bildkarten aller Fertigkeiten mit einer detaillierten Anleitung zur Durchführung des Meisterklasse-Projekts enthält, ist unter www.ressourcenkram.de erhältlich.

● ● ●

Schulen haben weltweit mit vielen Herausforderungen zu kämpfen – darunter die immer häufiger auftretenden Verhaltensprobleme von Schülern, Schulvermeidung, überforderte Eltern und Burn-out bei Lehrern. Die Abkehr von herkömmlichen Interventionsmethoden hin zum Fähigkeitsdenken kann Schulen dabei helfen, aus der Abwärtsspirale auszusteigen und eine Schulkultur zu schaffen, die von respektvoller Zusammenarbeit, Optimismus und kreativen Problemlösungen geprägt ist.

Nachwort

Jetzt, wo Sie mit dem Fähigkeitsdenken vertraut sind, ist Ihnen bestimmt längst klar geworden, dass es sich nicht um eine Technik handelt, die man strikt nach Plan verfolgt, sondern dass es wie eine Brille ist, durch die Sie Menschen in einem anderen Licht sehen können. Wenn wir die Welt durch diese Fähigkeitenbrille betrachten, sehen wir die anderen um uns herum nicht mehr durch eine Fülle von Fehlern und Problemen belastet, sondern wir blicken auf Menschen, die zwar über irgendwelche Herausforderungen gestolpert sind, die aber in der Lage sind, diese Stolpersteine beiseite zu räumen, indem sie mit der Unterstützung anderer Menschen neue Fähigkeiten erlernen.

Diese Denkweise in Fähigkeiten kennt keine Ehrfurcht vor Autoritäten. Sie unterstützt nicht die Haltung, dass Experten wissen, wie Eltern ihre Kinder zu erziehen haben oder was sie tun müssen, wenn das Kind ein Problem hat. Alle Kinder sind unterschiedlich – wie übrigens auch alle Eltern –, und daher kann es sein, dass der gut gemeinte Rat eines Experten einfach nicht zu Ihnen bzw. Ihrem Kind passt.

Fähigkeitsdenken ist in diesem Sinne keine Methode. Es ist eher ein Sammelsurium aus Werkzeugen, die sich am Kind sowie am sozialen Miteinander orientieren und die Sie einsetzen können, um dem Kind zu helfen, dass es die Dinge, die ihm das Leben schwer machen, zu bewältigen vermag. Das verbessert nicht nur die Lebensqualität Ihres Kindes, sondern genauso Ihre eigene und die der ganzen Familie.

Danksagung

Ich möchte mich bei meinem langjährigen Kollegen Tapani Ahola bedanken, mit dem ich über die letzten 40 Jahre mehrere Anwendungsfelder der lösungsfokussierten Psychologie entwickelt habe. Außerdem bedanke ich mich bei den Sonderpädagoginnen Sirpa Birn und Tuija Terävä († 2022) für die Zusammenarbeit.

Bildnachweise

Die im Buch verwendeten Bilder stammen der Reihenfolge nach von:

Didgeman/pixabay.com, dife88/pixabay.com, christianemahnke/pixabay.com, MMazer/pixabay.com, StepchenCH/pixabay.com, scottwebb/pixabay.com, Pezibear/pixabay.com, Cle31/pixabay.com, meineresterampe/pixabay.com, Pezibear/pixabay.com.

Vielen Dank für die freundliche Genehmigung!

Literatur und Internetadressen

Meine Bücher zum Thema

Furman, B. (2019): Zum Glück ist es nicht weit. Sieben Kompetenzen für eine bessere Beziehung zu sich und anderen. Heidelberg (Carl-Auer), 2. Aufl. 2023.

Furman, B. (2020): Mein »Ich schaff's!«-Arbeitsbuch. Das Motivationsprogramm für Kinder. Heidelberg (Carl-Auer), 4. Aufl.

Furman, B. (2021): Ich schaff's! Spielerisch und praktisch Lösungen mit Kindern finden. Das 15-Schritte-Programm für Eltern, Erzieher und Therapeuten. Heidelberg (Carl-Auer), 9. Aufl.

Furman, B. (2021): »Ich schaff's!« in Aktion. Das Motivationsprogramm für Kinder in Fallbeispielen. Heidelberg (Carl-Auer), 4. Aufl.

Furman, B. (2021): Gut gemacht! Das »Ich schaff's!«-Programm für Eltern und andere Erzieher. Heidelberg (Carl-Auer), 4. Aufl.

Furman, B. u. T. Ahola (2021): Es ist nie zu spät, erfolgreich zu sein. Ein lösungsfokussiertes Programm für Coaching von Organisationen, Teams und Einzelpersonen. Heidelberg (Carl-Auer), 3. Aufl.

Furman, B. u. M. Weber (2016): Meine zwei Zuhause. Heidelberg (Carl-Auer).

Furman, B. u. M. Weber (2018): Linda zähmt den Tiger. Heidelberg (Carl-Auer).

Furman, B. u. M. Weber (2021): Antons Albtraum. Heidelberg (Carl-Auer), 2. Aufl.

Internet-Ressourcen

Die internationale Website der Ich-schaff's-Methode:
www.kidsskills.org

Die Website der deutschen Ich-schaff's-Organisation:
www.ichschaffs.de

Meine eigene Website:
www.benfurman.com

Mein Youtube-Kanal:
www.youtube.com/benfurmantv

Meine Online-Kursplattform (melden Sie sich an und erhalten Sie kostenlosen Zugang zu meinem Online-Videokurs über lösungsorientierte Elternschaft):
https://courses.benfurman.com

Eine Online-Plattform, die ein umfangreiches videobasiertes Trainingsprogramm in englischer Sprache anbietet, das es den Teilnehmern ermöglicht, sich als Ich-schaff's-Coach zertifizieren zu lassen:
https://www.kidsskillsacademy.com

Relevante Literatur zum Thema Fähigkeitsdenken

Bauer, C. u. T. Hegemann (2021): Ich schaff's! – Cool ans Ziel. Das lösungsorientierte Programm für die Arbeit mit Jugendlichen. Heidelberg (Carl-Auer), 7. Aufl.

Bentner, A. (Hrsg.) (2013): Vom Meckern zum Wünschen. Studie zur Wirksamkeit des lösungsfokussierten Programms »Ich schaff's!«. Heidelberg (Carl-Auer).

Cohen, L. (2001): Playful parenting: An exciting new approach to raising children that will help you nurture close connections, solve behavior problems, and encourage confidence. New York (Ballantine).

Glasser, H. (1999): Transforming the difficult child: The nurtured heart approach. Tucson, Arizona (Nurtured heart Association).

Gohier, F. M. (2006): A support team's experience of a solution-focused intervention with children. (Masterarbeit McGill University, Montreal/Kanada).

Greene, R. (2011): Das explosive Kind. Hilfe für Eltern von kleinen Tyrannen. Winterthur (Spuren).

Hautakangas, M., K. Kumpulainen a. L. Uusitalo (2021): Children developing self-regulation skills in a kids' skills intervention programme in Finnish early childhood education and care. *Early Child Development and Care* 192 (10): 1626–1642.

Hegemann, T. u. B. Dissertori Psenner (Hrsg.) (2020): »Ich schaff's!« in der Schule. Das lösungsfokussierte 15-Schritte-Programm für den schulischen Alltag. Heidelberg (Carl-Auer), 2. Aufl.

Köhler D. et al. (2022): »Ich schaff's«: Pilot-Evaluation eines systemisch-integrativen Beratungsprogramms in der Schulsozialarbeit. *Familiendynamik* 47 (1): 32–43.

Nelsen, J. (1981): Positive discipline: The classic guide to helping children develop self-discipline, responsibility, cooperation and problem-solving skills. New York (Ballantine).

Omer, H. (2016): Neue Autorität: Das Geheimnis starker Eltern. Göttingen (Vandenhoeck & Ruprecht).

Rohr, D., H. Omer, M. Aarts u. B. Furman (2021): Gelingende Kommunikation mit Kindern und Jugendlichen. Neue Autorität, Marte Meo und Ich schaff's!. Heidelberg (Carl-Auer), 2. Aufl. 2023.

Shuanghong, J. N. a. H. Niemi (2020): Teachers support of students' social-emotional and self-management skills using a solution-focused skillful-class method. *The European Journal of Social & Behavioural Sciences* 27 (1): 3096–3114.

Shuanghong, J. N., H. Niemi a. B. Furman (2022): Supporting K-12 students to learn social-emotional and self-management skills for their sustainable growth with the solution-focused Kids' Skills method. *Sustainability* 14 (13): 7947.

White, M. (1984): Pseudo-encopresis: From avalanche to victory, from vicious to virtuous cycles. *Family Systems Medicine* 2 (2): 150-160.

White, M. a. A. Morgan (2006): Narrative therapy with children and their families. Adelaide (Dulwich Centre publications).

Über den Autor

© Sampo Korhonen

BEN FURMAN, Dr., Psychiater und Psychotherapeut, ist Mitbegründer des Helsinki Brief Therapy Institute. Er ist anerkannter Experte für lösungsfokussierte Therapie, Beratung und Pädagogik und entwickelte das lösungsfokussierte Lern- und Arbeitsprogramm »Ich schaff's«. Publikationen u. a.: *Ich schaff's! Spielerisch und praktisch Lösungen mit Kindern finden – Das 15-Schritte-Programm für Eltern, Erzieher und Therapeuten* (9. Aufl. 2021), *Gut gemacht! Das »Ich-schaff's!«-Programm für Eltern und andere Erzieher* (4. Aufl. 2021), *Es ist nie zu spät, erfolgreich zu sein* (zus. mit Tapani Ahola, 3. Aufl. 2021), *Twin Star – Lösungen vom anderen Stern* (zus. mit Tapani Ahola, 6. Aufl. 2023), *Jetzt gehts! Erfolg und Lebensfreude mit lösungsorientiertem Selbstcoaching* (zus. mit Rolf Reinlaßöder, 2. Aufl. 2013).